T0285022

Meditaciones para aliviar el dolor

Jon Kabat-Zinn

Meditaciones para aliviar el dolor

Prácticas para recuperar nuestro cuerpo y nuestra vida

Traducción de Fernando Mora

Acceso directo a meditaciones
guiadas a través de códigos QR

Este libro no pretende sustituir las recomendaciones de los médicos o de otros profesionales de la salud. Solo pretende ofrecer información útil para el lector, que le permita cooperar con los médicos y profesionales de la salud en una búsqueda de su máximo bienestar. Aconsejamos a los lectores que revisen y comprendan bien todas las ideas presentadas en este libro y busquen el consejo de un buen profesional antes de intentar ponerlas en práctica.

Título original: *Mindfulness Meditation for Pain Relief: Practices to Reclaim Your Body and Your Life*

© 2023 Jon Kabat-Zinn
Traducción publicada por acuerdo con Sounds True Inc.

© de la edición en castellano
2023 Editorial Kairós
www.editorialkairos.com

© traducción del inglés al castellano de Fernando Mora
Revisión: Alicia Conde

Diseño cubierta: Lisa Kerans
Diseño interior: Meredith Jarrett
Maquetación: Grafime Digital S. L. 08027 Barcelona
Impresión y encuadernación: Litogama. 08030 Barcelona

Primera edición: Septiembre 2023
ISBN: 978-84-1121-172-7
Depósito legal: B 11.346-2023

Sumario

Introducción

El universo en el que vamos a entrar al sostener este pequeño libro lleno de color, imágenes y palabras es el universo de nuestra verdadera naturaleza. En él se aborda y acepta nuestra absoluta validez y plenitud como seres humanos, lo cual incluye las condiciones y circunstancias que han conformado nuestra vida hasta el momento presente y también va mucho más allá. No hay mucha gente que busque un libro relacionado con el tema del dolor, especialmente uno que trate sobre cómo vivir y convivir en armonía con el dolor crónico, a menos que entienda algo de primera mano sobre el sufrimiento y lo difícil que puede ser llevar la vida que nos corresponde, de la forma más plena y satisfactoria posible, en circunstancias muy desafiantes y a menudo desgarradoras. Y además asumir semejante reto mientras se tiene la oportunidad, que solo se nos da en el momento presente. Este libro y las prácticas a las que nos invita son una puerta de entrada a ese universo lleno de posibilidades.

Pero tenemos que saber que no estamos solos en este empeño. Son muchos los miles de personas aquejadas de diversas enfermedades y diagnósticos de dolor crónico para las que los tratamientos médicos y quirúrgicos no han sido apropiados, o no han resultado beneficiosos, que han emprendido esta exploración y aventura a través de lo que se denomina reducción del estrés basada en el mindfulness, o MBSR. Por otro lado, los beneficios generales para la mayoría de las personas han sido y siguen siendo profundos y restauradores.

Hay un aspecto inevitable y esencial en el mindfulness como práctica de meditación y como forma de vida. Obviamente, nadie puede meditar en nuestro lugar. Tenemos que hacer el trabajo interior nosotros mismos. Todos los aspectos de este libro, junto con las meditaciones guiadas en formato de audio, pretenden ser recursos amistosos y de apoyo, recordatorios y guías para habitar plenamente este territorio y navegar por él. Espero que este libro también nos ayude a seguir adelante cuando nos encontremos con los retos y las circunstancias difíciles que inevitablemente seguirán manifestándose en nuestra vida. Y, con suerte, también nos recordará una y otra vez lo que es más importante, especialmente en esos momentos en los que es tan fácil desanimarse.

Porque no es ni un eufemismo ni una exageración afirmar que el trabajo más duro del mundo es *volverse hacia lo que más deseamos que desaparezca y abrirse a ello*. Al hacerlo, y al abrazar con una intimidad a veces incómoda lo no deseado y lo aversivo en todas sus formas, podemos descubrir que casi siempre hay espacio para crecer, sanar y transformar nuestra vida, con independencia de los obstáculos a los que nos enfrentemos. Como veremos, la base de las prácticas formales e informales de la meditación mindfulness consiste en disponer la alfombra de la bienvenida a todas las experiencias y cobrar consciencia de todo lo que surge en el momento presente, ya sea agradable, desagradable o más bien neutro.

Pero más allá de la dimensión única del mindfulness como práctica de meditación rigurosa y continua *y* como forma de ser, existe también el elemento, muy real y extremadamente necesario, de la *comunidad* asociada a su cultivo. Somos seres sociales y necesitamos la comunidad casi tanto como el oxígeno cuando se trata de vivir una vida plena de sentido a lo largo de nuestra existencia, teniendo en cuenta lo que la vida nos depara a veces. En los programas MBSR en entornos hospitalarios, esa comunidad emerge espontáneamente a lo largo de las ocho semanas de clases a las que asisten los pacientes. Acuden con una amplia gama de diagnósticos, entre ellos importantes dolencias crónicas que no han respondido plenamente a los tratamientos médicos estándares, si es que han respondido de algún modo. Cuando sentimos que formamos parte de una *comunidad* de personas que, como nosotros, también padecen dolencias muy complicadas, nos damos cuenta de que no estamos solos. Es más, podemos sentirnos inspirados al ver lo que otros tienen que vivir y aceptar en sus vidas, y por los relatos de sus victorias, tanto grandes como pequeñas, en el cultivo continuo del mindfulness.

Un profesor universitario, al que conocía personalmente de mis días como estudiante de posgrado en el MIT, ya hace décadas, acudió al MBSR antes de un trasplante de médula ósea para prepararse para esa dura experiencia y el prolongado aislamiento en el hospital que requería el procedimiento médico. Un día, en clase, expresó la fuerte sensación de que todos los presentes pertenecían a lo que él llamaba «la comunidad de los afligidos». También señaló que se sentía mucho más a gusto en esa sala con esos otros pacientes médicos que con sus colegas en las reuniones de la facultad. Un día, mientras estaba participando en el programa MBSR de ocho semanas, observando un vagón de metro abarrotado de gente en hora punta en Boston, se dio cuenta por un momento y de una forma conmovedora, que más tarde compartió con nosotros en clase, de que todos formamos parte de la comunidad de los afligidos.

Resulta que, en los últimos cuarenta y cinco años, la comunidad de practicantes de mindfulness ha crecido exponencialmente y se ha convertido en una red mundial. Así pues, cuando nos adentremos en este libro y participemos en las meditaciones guiadas de forma regular, con cierto grado de intencionalidad y disciplina, ya que así es como deben utilizarse para tener el máximo impacto en nuestro dolor y en nuestra vida, debemos saber que no estamos solos. Tenemos que ser conscientes de que la práctica no promueve ni privilegia «experiencias especiales» o «estados mentales» extraordinarios, sino que nos invita a reconocer que cada momento y cada estado de la mente y el cuerpo es especial justo en este momento atemporal, y que podemos volver a casa con nosotros mismos reconociendo que ya estamos completos (que es el significado raíz de las palabras «salud», «sanación» y «santo»). El reto no consiste en convertirse en quien uno no es, ni en trascender o eliminar el dolor. Se trata más bien de reconocer la plenitud de lo que ya somos y lo beneficioso que es sentirnos a gusto en nuestra propia piel y en nuestro propio ser, y pertenecer, tanto a la familia de aquellos a los que cuidamos y que cuidan de nosotros como al mundo en general.

Cuando se trata de dolor, tanto físico como emocional, realmente el cuerpo lleva la cuenta, como se afirma en un poderoso libro con ese título sobre cómo sanar traumas de todo tipo. Tendemos a portar nuestro dolor emocional en el cuerpo, aunque a menudo ignoremos esa dimensión de la experiencia todo lo que podamos y nos perdamos completamente en nuestros pensamientos y emociones, es decir, en nuestra mente. Solo por esta razón, el mindfulness del cuerpo es un buen punto de partida. Pero implica poner la alfombra de bienvenida *a lo que sea* que esté presente, ya sea agradable, desagradable o ninguna de ambas cosas, y mantenerlo en la consciencia el tiempo suficiente para descubrir que el dolor y la herida, por muy importantes y desafiantes que sean, son mucho más pequeños que la dimensionalidad completa de nuestro ser. Y para navegar por ese territorio, es posible que en ocasiones necesitemos el apoyo continuo y el amor de una comunidad de practicantes de mindfulness, así como de familiares y amigos. La buena noticia es que nunca ha habido en el planeta nada parecido a la amplitud y profundidad de los recursos ahora disponibles para apoyar una práctica continua de meditación mindfulness. Están muy extendidos, son accesibles y diversos en todos los sentidos del término. Y, en consonancia con el significado profundo del mindfulness, se comprometen a reconocer y nombrar las causas profundas del sufrimiento, sean cuales sean, y a apoyar una liberación muy real de ese sufrimiento en sus múltiples aspectos y formas.

Cuando se trata del dolor asociado a traumas de cualquier tipo, es esencial contar con el apoyo de una comunidad que reconozca los elementos únicos de dolor y daño que a menudo pasan desapercibidos para los demás y, tristemente, para las instituciones y la sociedad en su conjunto. Internet nos permite tener este tipo de comunidades al alcance de la mano y beneficiarnos de los recursos que ofrecen para apoyar la práctica de la meditación. Si en algún momento nos sentimos aislados y solos con lo que está surgiendo mientras realizamos las meditaciones guiadas que se ofrecen aquí, animo a los lectores a que busquen comunidades en las que puedan relacionarse con otras personas que, como ellos, estén sufriendo de formas que exijan una conexión y compasión humanas de corazón abierto. Puede tratarse de un programa de MBSR *online* o en un hospital, o de conectar con un centro o comunidad de meditación; cualquier cosa que nos posibilite encontrar a otras personas con las que compartir el viaje de nuestra vida. En la última sección de este libro se incluye una lista de recursos de apoyo.

1

Aprender a convivir con el dolor

Aprender a convivir
con el dolor

Si este libro ha llegado a nuestras manos, lo más probable es que nuestra vida esté marcada por el dolor de un modo u otro…, así como por el sufrimiento, tanto físico como emocional, que suele acompañarlo. Si este es el caso, hay dos cosas que nos convendría tener muy presentes desde el principio de nuestro trabajo conjunto.

La primera de ellas es que no estamos solos.

Y la segunda es que resulta posible aprender a convivir con un dolor que no disminuye ni desaparece fácilmente.

Decenas, si no cientos de miles de personas, han descubierto que convivir con dolor es un proceso, una especie de danza. Tal vez el tipo de música no sea el que habríamos elegido si fuésemos los únicos responsables de cómo se desarrollan las cosas que se despliegan en nuestra vida. Sin embargo, creo que descubriremos que nuestra situación puede resultarnos útil en algunos aspectos maravillosos y potencialmente muy liberadores, sobre todo si estamos dispuestos a llevar a cabo una cierta cantidad de experimentación lúdica y exploratoria y un trabajo interior continuo que solo nosotros podemos efectuar: el trabajo de reconfigurar nuestra relación con la experiencia real de lo que nos resulta desagradable y de lo no deseado tal como se está desarrollando.

La buena noticia es que no hay una forma correcta de abordar esta aventura. No existe un libro de cocina ni una receta singular, ni una talla única que sea apta para todos nosotros, ni un método universal. Cada persona es única y, en última instancia, tiene que encontrar su propia manera de vivir, y de vivir bien frente a lo difícil, lo desafiante y lo no deseado, que tarde o temprano nos alcanzan a todos en la vida.

Por lo tanto, nuestra experiencia única, incluidas las dificultades particulares a las que nos enfrentamos y con las que, en consecuencia, tenemos que lidiar, se convierten en elementos esenciales del trabajo del mindfulness en sí, en lugar de ser obstáculos para permanecer atentos o impedimentos para el alivio del dolor al que puede conducir una práctica continuada de mindfulness.

Con dicha actitud, no hay forma de fracasar en este compromiso porque no tratamos de forzar nada para que sea distinto de lo que es. Simplemente estamos aprendiendo a cobrar consciencia de ello de otra manera. Solo con este gesto, la experiencia del dolor —y nuestra relación con él— puede cambiar profundamente.

Cada persona es única y,

en última instancia,

todo el mundo

tiene que encontrar su

propia manera de vivir,

y de vivir bien frente a lo difícil,

lo desafiante y lo no deseado,

que tarde o temprano

nos alcanzan a todos en la vida.

El poder de la atención

Los estudios demuestran que cuanto mayor es la intensidad de las sensaciones angustiosas, más beneficiosas resultan las estrategias de toma de consciencia y menos eficaces para aliviarlas las tácticas de distracción. Sintonizar es mucho más eficaz que desconectar.

Los atletas de resistencia de talla mundial lo saben de sobra. Suelen controlar su experiencia sensorial a cada momento, tanto durante el entrenamiento como durante la competición. Los estudios clínicos nos indican que lo mismo ocurre con los pacientes médicos aquejados de dolor crónico que se someten al entrenamiento MBSR. Por fortuna, sintonizar es una habilidad que se puede aprender.

Entrar en la danza

El mero hecho de que hayamos adquirido este libro indica que ya estamos motivados para explorar este trabajo interior, tal vez porque otras opciones que hayamos probado solo nos han beneficiado hasta cierto punto, si es que lo han hecho de algún modo. Si el dolor sigue erosionando gravemente la calidad de nuestra vida y nuestra capacidad para desarrollar la vida que nos gustaría vivir en la medida de lo posible, esa es motivación suficiente.

Utilizo la expresión «trabajo interior» para referirme a la práctica disciplinada de la meditación mindfulness tal como se desarrolla en el MBSR. Pero, en realidad, el mindfulness presenta tanto un aspecto lúdico que nos per-

Sintonizar

es mucho más eficaz

que desconectar.

mite acercarnos a su práctica con un toque ligero como un trabajo duro y constante. Puede convertirse en la aventura de nuestra vida si se aborda de este modo, tanto experimental como vivencialmente.

La invitación consiste en lanzarse a la danza, tanto si la música es de nuestra elección como si no, como si se tratase tanto de un experimento como de una aventura. De hecho, el mindfulness tiene el potencial de ser la aventura de recuperar nuestra vida en la medida de lo posible mientras tengamos la oportunidad.

Y no hay forma de saber lo que es posible a menos que nos comprometamos con el proceso de todo corazón en cualquier momento y a lo largo del tiempo. En otras palabras, tenemos que darle –y darnos a nosotros mismos– una oportunidad razonable, y luego ver qué ocurre sin apegarnos ni forzar un resultado deseado o idealizado. Las personas que se están formando en MBSR en un entorno hospitalario disponen de un plazo de ocho semanas para iniciarse en lo que se espera que se convierta en una práctica de mindfulness para toda la vida. Así pues, empezar teniendo en cuenta al menos ese plazo de tiempo nos dará una idea de lo que podemos exigirnos de buen grado a nosotros mismos mientras nos dedicamos a este libro y a las meditaciones guiadas que lo acompañan.

En última instancia, la vida misma se convertirá en nuestra maestra de mindfulness. Y una de las cosas que podemos explorar y a la que podemos intentar abrirnos es que incluso nuestro propio dolor, que a veces pode-

Incluso nuestro propio dolor,
que a veces podemos sentir
como nuestro peor enemigo,
tiene el potencial de convertirse
en nuestro maestro y, en última
instancia, incluso en nuestro aliado
y amigo si aprendemos a
escucharlo profundamente.

mos sentir como nuestro peor enemigo, tiene el potencial de convertirse en nuestro maestro y, en última instancia, incluso en nuestro aliado y amigo si aprendemos a escucharlo profundamente.

Recuperar nuestra vida

Para empezar, podemos experimentar abriéndonos mínimamente a lo que estamos experimentando en cualquier momento del día o de la noche, simplemente centrando nuestra atención y manteniéndola a lo largo del tiempo. Esta capacidad, y especialmente la consciencia que surge de ella, es un don natural, un recurso interior que siempre hemos poseído y que podemos aprovechar y utilizar en cualquier momento.

Si estamos dispuestos a dedicarnos de todo corazón a cultivarla durante un periodo de tiempo prolongado –como mínimo durante las ocho semanas que dura el programa MBSR–, la práctica del mindfulness es una puerta eficaz para retornar a nuestra vida, incluso ante un malestar y un desánimo considerables. Ese mismo malestar, en lugar de ser considerado un obstáculo, puede convertirse en sí mismo en una fuente renovada de energía y motivación para la práctica.

Aun así, en aras de la transparencia, es importante señalar desde el principio que esta aventura requiere un cierto grado de disciplina por nuestra parte de manera regular. De hecho, diría que requiere que seamos disciplinados en cierto modo momento a momento y día a día a medida que se desarrolla nuestra vida. Al mismo tiempo, apuesto a que este tipo de disciplina no es nada nuevo para nosotros. Hay muchas cosas en nuestra vida que requieren un compromiso constante y disciplinado. El mero hecho de ocuparnos de lo que hay que ocuparse cada día en la familia y en el trabajo da fe de nuestra capacidad de disciplina y constancia. Y, cuando se trata de cuidar de nosotros mismos y de participar en el arco de nuestro propio potencial para aprender a vivir y vivir bien con lo no deseado, de lo que podemos o no ser capaces de deshacernos por completo, estoy seguro de que todos los ingredientes naturales para emprender esta aventura interior ya forman parte de nuestro repertorio como seres humanos.

Si nos detenemos a pensarlo durante unos instantes, cualquier cosa que realmente merezca la pena requiere cierto grado de esfuerzo y determinación permanentes, a menudo a pesar de nuestras propias dudas y escepticismo, y a pesar de todas las formas en que a veces socavamos nuestro propio potencial o nos decimos a nosotros mismos que no tenemos poder ni opciones ni control alguno. Pero la verdad es que poseemos una fuerza mental y emocional inconmensurable, aunque no sepamos reconocerla. Además, no hay nada como un dolor incesante o episódico que la medicina sea incapaz de mitigar de manera totalmente eficaz para motivarnos a intentar hacer algo por nosotros mismos cuando nadie, ni siquiera el equipo sanitario, ha sido capaz de aliviar nuestro dolor de manera fiable.

No hay nada como un
dolor incesante
o episódico que la medicina
sea incapaz de mitigar de
manera totalmente eficaz
para motivarnos a
intentar hacer algo
por nosotros mismos
cuando nadie,
ni siquiera el equipo sanitario,
ha sido capaz de aliviar nuestro
dolor de manera fiable…

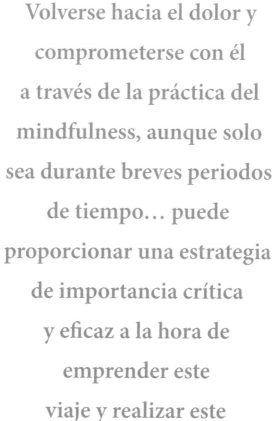

Volverse hacia el dolor y
comprometerse con él
a través de la práctica del
mindfulness, aunque solo
sea durante breves periodos
de tiempo… puede
proporcionar una estrategia
de importancia crítica
y eficaz a la hora de
emprender este
viaje y realizar este
trabajo interior.

Por consiguiente, como han descubierto a lo largo de décadas muchos miles de personas aquejadas de dolor crónico que han pasado por un programa de MBSR en un entorno hospitalario, *volverse hacia el dolor y comprometerse con él* a través de la práctica del mindfulness, aunque solo sea durante breves periodos de tiempo –cuando se combina con un escepticismo abierto y la voluntad de experimentar con lo que resulta posible para nuestra propia mente, nuestro cuerpo y nuestra vida–, puede proporcionar una estrategia de importancia crítica y eficaz a la hora de emprender este viaje y realizar este trabajo interior.

Es probable que descubramos que estas actitudes y estrategias pueden servirnos como recursos fiables para apoyar nuestra trayectoria de aprendizaje en la práctica del mindfulness. Si se tienen en cuenta, constituyen una fuente fiable de motivación positiva y renovable.

Por supuesto, no hay garantías absolutas en este camino, como tampoco las hay en la vida. Lo más importante es nuestra propia motivación interior, lo que nos atrajo a este trabajo en primer lugar, y la voluntad de seguir con la práctica de la meditación de forma regular en las buenas y en las malas, viendo lo que ocurre en el transcurso de los días, las semanas, los meses e incluso los años. ¿Qué podemos perder?

A medida que trabajemos juntos, tendremos muchas oportunidades de descubrir desde dentro que hay una gran diferencia entre el dolor y el sufrimiento y que, como dice el refrán, el dolor puede en ocasiones ser inevitable

El dolor puede en ocasiones
ser inevitable en esta vida,
pero el sufrimiento –es decir,
cómo nos relacionamos con
el dolor– es opcional.

en esta vida, pero el sufrimiento —es decir, cómo nos re-relacionamos con el dolor— es opcional. En otras palabras, existen múltiples formas de relacionarse sabiamente con lo no deseado —incluso con lo aborrecible y aquello que nos hiere profundamente— y de catalizar la curación, que yo defino como «aceptar las cosas tal como son». Esto es muy distinto de curar, arreglar o hacer desaparecer el dolor o el problema. En este momento existen muy pocas soluciones y curas reales en medicina para el dolor crónico. Pero el potencial de curación siempre está presente, en cualquier momento, sobre todo si aprendemos a cobrar consciencia del ahora, que es precisamente de lo que trata el mindfulness. A largo plazo, vivir esos momentos, ya sean agradables, desagradables o ninguna de ambas cosas, puede marcar la diferencia.

Permitirnos considerar la posibilidad de que esto se aplique a nuestra propia vida es en sí mismo un paso fortalecedor y definitorio en este viaje. Nuestra experiencia del dolor puede incluso cambiar a veces con esta toma de consciencia. Simplemente no sabemos lo que surgirá en este camino hasta que lo recorramos por nosotros mismos. Supongo que probablemente tenemos poco que perder y potencialmente mucho que ganar.

Bienvenidos a esta aventura única, la aventura de nuestra vida: el cultivo continuo del mindfulness.

2

Profundizar en el meollo de la cuestión

Profundizar en el meollo de la cuestión

El mindfulness, como práctica formal de meditación y como forma de relacionarse sabiamente con la experiencia vital a medida que esta se desarrolla a cada instante, implica comprometerse lo mejor posible a estar despierto y consciente en cada momento. Se trata de una aventura continua de descubrimiento. El presente capítulo es una invitación a sumergirnos en la práctica del mindfulness prestando atención de una forma que puede ser relativamente novedosa para nosotros.

Para empezar, dedicamos unos momentos a observar nuestra relación con la mente y el cuerpo en este momento, y quizá también con nuestro dolor, si está presente en algún grado en el paisaje interior en este instante. ¿Qué sentimos al sumergimos en el momento presente tal como es —sea como sea— cobrando plena consciencia de nuestra experiencia? Podemos cerrar los ojos o mantenerlos abiertos, como prefiramos.

¿Qué sentimos al sumergirnos
en el momento presente tal
como es –sea como sea–
cobrando plena consciencia
de nuestra experiencia?

Algo que descubriremos de inmediato es que suceden muchas cosas, tanto dentro como fuera de nosotros. Por ejemplo, ¿podemos advertir un universo de sensaciones en el cuerpo, así como cualquier sensación de silencio interior o vigilia que pueda o no estar presente en este momento?

¿Podemos prestar atención a la sensación que nos produce el libro que tenemos entre las manos ahora mismo: el peso, la textura de la cubierta y las páginas, los colores y las imágenes?*

¿Podemos captar los sonidos de nuestro entorno, sean cuales sean, que llegan a nuestros oídos en este instante: sonidos de la habitación en la que nos hallamos, procedentes del exterior o de la naturaleza? Probamos a escucharlos solo como sonidos, sin nombrarlos ni preguntarnos cuál es su origen. No nos limitamos a oír, sino que *escuchamos* los sonidos e incluso el espacio que hay entre ellos.

A continuación, dirigimos nuestra atención al aire que rodea nuestro cuerpo: el aire que transporta el sonido hasta nuestros oídos, el mismo aire que respiramos… ¿Cómo es de intensa la sensación, la experiencia del aire en la piel y alrededor del cuerpo, justo en este momento?

Ahora comprobamos si podemos cambiar intencionadamente el foco de atención al hecho de que, justo en este momento, estamos respirando…

---

* Si leemos en un dispositivo digital, aplicamos la misma invitación, es decir, sentir lo que podamos sentir en términos de peso, textura, color, imágenes, brillo de la pantalla, etc.

Observamos de qué modo el aire entra en nuestro cuerpo sin esfuerzo, con esta y con cada inspiración, y cómo, sin esfuerzo, sale del cuerpo con esta y con cada espiración, todo por sí solo. En realidad, estamos siendo respirados más de lo que respiramos, ya que esto es algo que se produce día y noche sin nuestra participación intencional. Observamos si podemos *sentir* las sensaciones de la respiración en nuestro cuerpo, cualesquiera que sean, dondequiera que se produzcan, con cada inspiración y con cada espiración. Experimentamos si queremos «cabalgar» sobre las olas de cada inspiración y cada espiración con plena consciencia, momento a momento y respiración a respiración. ¿Sentimos las sensaciones respiratorias más vivas en nuestro cuerpo? ¿En las fosas nasales? ¿En el pecho? ¿En el vientre? Simplemente observamos cómo nos sentimos al atender de esta manera momento a momento y respiración a respiración. Podemos experimentar sintiendo la respiración en el cuerpo tanto tiempo como deseemos y tan a menudo como queramos. Cuanto más lo hagamos, más a gusto nos sentiremos en nuestro cuerpo y más fácil nos resultará conectar cómodamente con las sensaciones de la respiración y hacernos amigos de ellas. Están aquí todo el tiempo. Son nuestras amigas, nuestras aliadas. Incluso podemos saborearlas.

Ahora intentamos sentir la totalidad de nuestro cuerpo en la consciencia…

Somos conscientes del cuerpo como una totalidad, ya sea sentados, acostados o de pie. Advertimos que la respiración fluye hacia dentro y hacia fuera, y que la estamos experimentando a través de la consciencia de las sensaciones en el cuerpo que surgen a partir de la respiración. Observamos si esta consciencia está disponible para nosotros sin forzar nada, solo con darnos cuenta… Vemos si podemos descansar en la consciencia misma…

Mientras lo hacemos, nos fijamos en si somos capaces de identificar un lugar o una zona de nuestro cuerpo que no nos duela en este momento. ¿Existe ese lugar?

En caso afirmativo, comprobamos si somos conscientes de lo que se siente al *no* experimentar dolor en esa zona concreta. Inspiramos y espiramos profundamente unas cuantas veces mientras reposamos en este descubrimiento, tal vez un descubrimiento nuevo, y puede que solo sea momentáneo, pero aun así resulta significativo. Y si no surge nada digno de mención, eso en sí mismo es digno de mención, y no debe juzgarse ni como «bueno» ni como «malo».

Ahora, tan suave y amorosamente como nos sea posible, vemos si podemos llevar la consciencia a cualquier lugar del cuerpo que nos *esté* doliendo en este momento. Durante el más breve de los momentos y con el más ligero de los toques, vemos si podemos *dirigir nuestra atención hacia* ese lugar y observamos la intensidad de las sensaciones que hay allí con un mínimo de apertura. Solo echamos un vistazo, sumergimos un dedo del pie en el agua de ese dolor o malestar durante el un breve instante. Y luego volvemos a sacarlo. ¿Cómo ha sido?

Si hemos sido capaces
de cobrar consciencia de
cualquier aspecto
de nuestra experiencia…
entonces ya estamos en
el buen camino para desarrollar
una relación nueva y
potencialmente sanadora
con nuestro dolor
y, lo que es más importante,
con nuestra propia mente
y nuestro cuerpo.

Si hemos sido capaces de cobrar consciencia de cualquier aspecto de nuestra experiencia, aunque solo sea durante unos breves instantes, y simplemente lo sentimos, entonces ya estamos en el buen camino para desarrollar una relación nueva y potencialmente sanadora con nuestro dolor y, lo que es más importante, con nuestra propia mente y nuestro cuerpo.

Incluso si este breve experimento nos resulta difícil, frustrante o nada tranquilizador, a través de la práctica sistemática pero suave de prestar atención de este modo con regularidad, es posible descubrir, desarrollar y profundizar una capacidad innata para relacionarnos de manera más sabia con el malestar, el dolor y el sufrimiento, y quizá a veces, incluso diferenciar unos de otros. Con ese atisbo de perspicacia, llega la libertad de vivir nuestra vida con mayor facilidad, incluso en presencia de un malestar significativo. Encontraremos esta meditación en la pista #1: *Mindfulness de la respiración* (véase página 213).

3

Mindfulness basado en la reducción del estrés

Mindfulness basado
en la reducción del estrés

Las personas que padecen dolor crónico, a menudo tras haber probado toda una serie de tratamientos médicos e incluso quirúrgicos, pero, lamentablemente, con demasiada frecuencia con resultados positivos mínimos o nulos, a veces tienen la experiencia de que sus médicos y especialistas en el dolor les dicen: «Va a tener que aprender a convivir con ello».

Pero, a menudo, lo que no sigue a esas palabras son recomendaciones prácticas sobre *cómo* aprender a convivir con ello, y qué tipo de apoyo suele ser necesario para lanzarse a emprender esa curva de aprendizaje. Sin embargo, como ya hemos señalado, con la fundación de la Clínica de Reducción del Estrés Basada en Mindfulness (MBSR) en el Centro Médico de la Universidad de Massachusetts, en el año 1979, y su difusión durante los más de cuarenta años siguientes a hospitales, centros médicos y clínicas de todo el mundo, las cosas han cambiado considerablemente. Además, cada vez disponemos de más pruebas científicas que demuestran la eficacia del mindfulness en la reducción del dolor crónico, y que incluso breves periodos de práctica formal modulan y alivian significativamente la experiencia del dolor.

La disponibilidad de programas de MBSR en todo el mundo y *online* en la época actual ofrece a los especialistas en dolor y a otros profesionales médicos la opción de añadir algo crucial a la afirmación que se hace a los enfermos de dolor crónico de que «va a tener que aprender a convivir con ello», a saber: «Aquí tiene una derivación a un programa de reducción del estrés basado en el mindfulness (MBSR, por sus siglas en inglés) donde *podremos* emprender ese proceso de aprendizaje». Los programas de MBSR proporcionan formación sistemática en la meditación mindfulness y sus aplicaciones en la vida cotidiana, de modo que podamos aportar nuestros propios recursos interiores para el aprendizaje, el crecimiento, la curación y la transformación constantes, con el fin de hacernos amigos de nuestra experiencia del dolor crónico y modularla en compañía de otras personas que viven con dolencias similares para las que tal vez no existan tratamientos médicos y farmacológicos totalmente satisfactorios para eliminarlo».

Desde el principio, la clínica MBSR se basó en una exploración y documentación con base científica del papel que un enfoque de este tipo ofrece a los pacientes médicos aquejados de enfermedades crónicas de todo tipo, incluidas diversas dolencias. Controlamos los indicadores clínicos de los resultados de los pacientes a lo largo de las

El MBSR aumenta
la capacidad de las
personas para convivir
con el dolor, de forma que se reduce
significativamente el elemento
de sufrimiento y, a menudo,
también el grado de dolor
y de dependencia
de los fármacos.

ocho semanas del programa y realizamos estudios de seguimiento con cada persona, una vez concluido el programa, durante periodos de hasta cuatro años.

Y lo que hemos visto han sido cambios positivos y significativos que perduran mucho tiempo después de finalizar el programa de ocho semanas. En algunos casos sorprendentes, nuestros pacientes aquejados de dolor crónico informaron de alivio hasta cuatro años después de finalizar el programa MBSR de ocho semanas. Estos estudios se publicaron en revistas médicas en la década de 1980.

En la actualidad, otros centros médicos, clínicas y laboratorios utilizan estos descubrimientos –algunos incluso los combinan con tecnologías de imagen cerebral– en ensayos clínicos cuidadosamente controlados. Estos estudios están demostrando que el MBSR aumenta la capacidad de las personas para vivir con dolor, de forma que se reduce significativamente el componente de sufrimiento y, a menudo, también el grado de dolor y de dependencia de los fármacos.*

El resultado de décadas de trabajo pionero por parte de una red cada vez mayor de investigadores que estudian una amplia gama de aplicaciones clínicas del mindfulness, el MBSR y programas similares basados en él es que se

---

* Recientemente, se ha demostrado que otro programa clínico basado en el mindfulness, conocido como MORE (*mindfulness-oriented recovery enhancement*), reduce drásticamente el consumo y el abuso de opiáceos en personas que sufren dolor crónico, lo que subraya el potencial del poder curativo de mindfulness.

Mientras respiremos,
hay más cosas buenas
en nosotros que malas,
con independencia de
lo que nos suceda.

han ganado la reputación de ser ampliamente accesibles y de ayudar a las personas a aprender a convivir con el dolor y aliviar el sufrimiento asociado con una amplia gama de dolencias crónicas médicas y psicológicas.

Sea cual sea el diagnóstico que reciban nuestros pacientes –dolor crónico, cáncer, cardiopatías y muchas otras afecciones–, solemos decirles en nuestro primer encuentro presencial que, desde nuestro punto de vista, «mientras respiremos, hay más cosas buenas en nosotros que malas, con independencia de lo que nos suceda».

Una afirmación de este tipo puede ser difícil de aceptar o incluso de escuchar en el espíritu en el que está pensada, especialmente si estamos heridos o asustados. Pero así es, aunque estemos a un día de la muerte. Eso no significa que el MBSR funcione al margen de la medicina. Es parte integrante de la medicina. Está diseñado para ser un complemento de cualquier tratamiento médico que una persona pueda o no estar recibiendo, no un sustituto de la atención médica y terapéutica adecuadas. Es un proceso de colaboración con nuestros proveedores de atención médica a través del cual podemos participar de manera esencial en nuestra propia trayectoria hacia una mayor salud y bienestar, partiendo de dondequiera que nos encontremos. El MBSR está diseñado para volcar la energía, en forma de consciencia en cada momento, en aquello que está «bien» en nosotros, mientras permitimos que el resto del equipo médico se ocupe de lo que pueda estar «mal», y ver qué ocurre a lo largo de ocho semanas o más.

Podemos participar
de manera esencial
en nuestra propia
trayectoria hacia una
mayor salud y
bienestar, empezando
por dondequiera que
nos encontremos.

Parte del compromiso con nuestros pacientes consiste en ayudarles a invertir tanta energía como sea posible –en forma de atención consciente, momento a momento, y el corazón abierto– para conocer lo que de hecho sigue estando bien en ellos, en lugar de centrarse exclusivamente en lo que está mal, y ver qué ocurre cuando se comprometen con las ocho semanas de práctica de mindfulness características del MBSR. Si nos convertimos en *participantes* comprometidos con lo que es posible y si sintonizamos con el espectro completo de nuestra experiencia, en lugar de centrarnos tan solo en lo que está «mal» en un momento dado, puede que descubramos que no es tan intenso el dolor asociado con la ansiedad. Nuestro estado es un universo en sí mismo, y está sujeto a interesantes fluctuaciones tanto en intensidad como en duración. Con la práctica continuada, esta percepción puede conducir de manera natural a desvincular las experiencias de malestar intenso del ámbito del sufrimiento duradero.

Miles de personas aquejadas de enfermedades crónicas de todo tipo han encontrado beneficioso aprender a expandir su perspectiva y mantenerse abiertos a lo que es posible más allá de lo que la ciencia médica diga en un momento dado y con cualquier grado de certeza sobre nuestra condición individual, sabiendo hasta qué punto nuestras elecciones sobre cómo vivir con lo que portamos (el significado raíz del verbo «sufrir») pueden marcar una profunda diferencia en la calidad de nuestra vida a medida que esta se desarrolla momento a momento.

La consciencia tiene
la propiedad… de ser
ilimitada. Tiene la
la capacidad de contener,
abrazar, reconocer
y (si nos entrenamos
mediante la meditación)
incluso de acoger cualquier cosa
que surja en la experiencia…
en formas sorprendentes que
resultan tranquilizadoras
y curativas.

Lo mismo ocurre con la mente y sus capacidades. Por ejemplo, todos tenemos acceso inmediato a la consciencia en cualquier momento. Podemos ser conscientes de una visión, un sonido, un aroma, un sabor, un roce, una sensación corporal, una emoción o un pensamiento. Y esa consciencia está siempre disponible. De hecho, podemos llegar a ser conscientes de la propia consciencia si estamos dispuestos a prestarle atención como un dominio y una capacidad propios, que abarca, pero está separado, de cualquier objeto que mantengamos en la misma consciencia. La consciencia no es mera atención, aunque dirigir nuestra atención a propósito puede ayudarnos mucho a ser más conscientes, algo que cultivaremos continuamente con las diversas prácticas guiadas de mindfulness.

De hecho, podemos considerar que el mindfulness es pura consciencia. No tenemos que adquirirla. Ya la tenemos, o incluso podríamos decir que ya la somos. En cualquier caso, ya es nuestra. También está siempre disponible. No tiene nada de especial y, al mismo tiempo, es increíblemente especial. Siempre podemos invitarla a pasar a primer plano prestando atención a lo que sea más importante para nosotros, más destacado, más relevante en el momento actual.

Dicho esto, nuestra conciencia sigue siendo el último misterio de la ciencia. Tiene la propiedad –inmediatamente observable por cualquiera de nosotros en cualquier momento en que nos detengamos– de ser ilimitada, sin centro aparente, ni periferia o circunferencia. Cual-

… el dolor asociado a nuestra
condición es un universo
en sí mismo, y está sujeto
a interesantes fluctuaciones tanto
en intensidad como en duración.
Con la práctica continuada,
esta percepción puede conducir
de manera natural a desvincular
las experiencias de malestar intenso
del ámbito del sufrimiento duradero.

quiera que sea su naturaleza y cómo surja en nosotros, es obvio que se trata de una capacidad humana que nos permite conocer lo que estamos experimentando. Este conocimiento incluye, pero trasciende con mucho, el mero conocimiento cognitivo o conceptual. Podemos comprobar de inmediato por nosotros mismos que la consciencia es capaz de contener, abrazar, reconocer y (si nos entrenamos mediante la meditación) acoger cualquier cosa que surja en la experiencia —incluidas las sensaciones, emociones o pensamientos desagradables o dolorosos— en formas sorprendentes que resultan a la vez tranquilizadoras y curativas.

En este camino, podemos ser tanto los exploradores de nuestra experiencia como los beneficiarios de nuestros descubrimientos.

Esta es la aventura en la que nos embarcaremos ahora.

El cultivo del mindfulness implica aprovechar los recursos interiores que todos poseemos simplemente por el hecho de ser humanos. Como se ha señalado, se trata de nuestras capacidades innatas de aprendizaje, crecimiento, curación y transformación, incorporadas a nuestro ADN y arraigadas en nuestro extraordinario cerebro, cuerpo, corazón y mente, todo ello anidado en la familia humana y el mundo natural.

Todo nuestro poder para sanar y transformar nuestra vida se basa en nuestra habilidad para prestar atención y cultivar la intimidad con nuestra capacidad innata de

… por extraño que pueda parecer,

es en nuestra consciencia

y en nuestra capacidad

de prestar atención

donde reside el potencial

de curación y transformación

en la relación que establecemos

con nuestro dolor.

consciencia, uno de los aspectos más profundos, notables y subestimados de nuestro ser.

En estas páginas, y en las meditaciones guiadas que las acompañan, nos centraremos en desarrollar y refinar nuestra habilidad para *acceder* a estas capacidades básicas que ya poseemos simplemente por el hecho de ser humanos. Lamentablemente, al menos hasta hace poco, era raro recibir algún tipo de entrenamiento formal para desarrollar y refinar nuestra capacidad de hacer un uso óptimo de ellas.

Quizá se deba a que nuestro sistema educativo y nuestra cultura ponen excesivo énfasis en el pensamiento. Irónicamente, nunca se nos enseña de verdad a prestar atención o a descansar en la consciencia, a pesar de que nuestra consciencia es al menos tan poderosa como nuestra capacidad de pensar. Por ejemplo, si queremos, podemos dirigir nuestra atención sin esfuerzo a cualquier pensamiento que surja, por inquietante que sea, y reconocerlo por lo que es: un pensamiento, un acontecimiento pasajero en el campo de la consciencia.

Pero ¿qué es un pensamiento? No lo sabemos. ¿Qué es la consciencia, y cómo se produce a través de la actividad neuronal en el cerebro? Tampoco, en este caso, lo sabemos. Sigue siendo un misterio, incluso en la actualidad. Y eso me tranquiliza en muchos sentidos.

Sin embargo, por extraño que pueda parecer, es en nuestra consciencia y en nuestra capacidad de prestar atención donde reside el potencial de curación y transformación en la relación que establecemos con nuestro dolor.

Cada cual es el verdadero experto,

el experto de su propia vida,

de su experiencia,

de sus aspiraciones,

de sus miedos.

Somos nosotros

quienes llevamos

las riendas.

Dicho esto, en el espíritu de este programa y de nuestra aventura conjunta, no espero ni quiero que confiemos tan solo en mis palabras, ni en ninguna otra cosa. Cada cual es el verdadero experto, el experto de su propia vida, de su experiencia, de sus aspiraciones, de sus miedos. Somos nosotros quienes llevamos las riendas.

Mi papel consiste simplemente en ayudar a navegar por este territorio, utilizando mapas científicos de lo que sabemos sobre el dolor y la conexión mente-cuerpo, hasta que aprendamos a navegar por el territorio por nosotros mismos, recurriendo a todos los recursos, internos y externos, que nuestro cuerpo, nuestra mente, nuestra vida y nuestras relaciones nos ofrecen de continuo.

Mindfulness es pura consciencia

Como terminamos de ver, se puede considerar el mindfulness como pura consciencia. Operativamente, lo defino como la consciencia que surge de prestar atención a propósito, en el momento presente y sin juzgar, a cualquier cosa que aparezca en el campo de la experiencia.

En este caso, no hay nada que adquirir. Ya tenemos la capacidad de ser conscientes. Forma parte del ser humano tanto como la capacidad de pensar o de respirar. De hecho, está funcionando todo el tiempo. Que seamos o no conscientes de ello es otra historia. Por eso vamos a cultivar el *acceso* a nuestra propia consciencia y a aprender a visitarla con regularidad y quizá a establecer una residencia casi permanente, por así decirlo, en lo que ya hemos señalado como su propiedad más interesante: una amplitud sin límites dotada de una cualidad de conocimiento que no es meramente conceptual. Si investigamos por nosotros mismos, interiormente, veremos de inmediato que no hay centro en la consciencia, ni tampoco periferia o circunferencia. Es como el cielo o, mejor aún, como el espacio. Experiencialmente, carece de límites. También es conocimiento. Sin embargo, es una forma de inteligencia distinta del pensamiento. Además, es lo suficientemente grande como para albergar cualquier pensamiento, por profundo o amplio que sea. En muchos sentidos, sin exagerar, la consciencia humana es su propio superpoder.

La consciencia nos proporciona muchos grados de libertad en relación con la experiencia. Por un lado, es capaz de transformar nuestra relación con esas mismas experiencias. Por ejemplo, si sentimos dolor en un momento determinado, en lugar de luchar contra él o forzarlo a desaparecer, ¿podemos darle la bienvenida y experimentarlo, aunque sea por breves momentos, de una forma lúdica y más abierta, curiosa, investigando por nosotros mismos aquello a lo que no solemos prestar atención en absoluto, sino que simplemente lo bloqueamos o rechazamos?

Como pequeño ejercicio, si sentimos dolor en este momento, podemos investigar ahora mismo: «¿Me duele la consciencia del dolor?». Luego observamos. Examinamos directamente nuestra experiencia en este instante. Pero no pensamos en ello. La invitación es más bien a sentir lo que

Mindfulness es la consciencia
que surge de prestar atención
a propósito, en el
momento presente
y sin juzgar, a cualquier
cosa que aparezca
en el campo de la experiencia.

está ocurriendo, a atender simplemente a lo que se desarrolla en nuestra experiencia aquí y ahora.

También podemos ampliar nuestra investigación sobre lo que ocurre en nuestro propio cuerpo y mente preguntándonos en este momento o en otros en los que resulte pertinente:

«¿Tiene miedo mi consciencia del miedo?».

«¿Está enfadada mi consciencia del enfado?».

«¿Mi consciencia de la tristeza está triste?».

Como comprobaremos, esta puede ser una indagación muy reveladora y liberadora.

Volviendo a la definición práctica del mindfulness, es importante señalar que no juzgar no significa que no vayamos a tener juicios ni reacciones emocionales. Tendremos muchos. Así es el ser humano. «No juzgar» significa que realmente vemos, sin juzgar al que juzga, de qué modo la mente puede juzgar en ciertos momentos. De este modo, la práctica y el cultivo del mindfulness consisten en mantener una relación muy íntima con nuestra experiencia tal como es, ya sea agradable, desagradable o neutra. Eso incluye comprometernos firmemente a, por lo menos, intentar suspender durante un tiempo cualquier juicio que reconozcamos que surge. Y eso incluye cualquier creencia o convicción por nuestra parte de que esos juicios son indiscutiblemente ciertos.

Si sentimos dolor
en este momento,
podemos investigar ahora mismo:
«¿Me duele la consciencia
del dolor?».
Luego observamos.
Examinamos directamente
nuestra experiencia
en este instante.

Lo difícil es que lo juzgamos todo y tendemos a reaccionar de forma automática cuando las cosas no nos gustan. También tendemos a ser muy reactivos emocionalmente, sobre todo cuando sufrimos.

De manera que, en este viaje, ya sea llevando el mindfulness a los momentos cotidianos a lo largo del día, o participando en las prácticas formales de meditación guiada, o practicando formalmente durante periodos de tiempo sin guía alguna, es útil comprometerse a observar los juicios y las reacciones emocionales que inevitablemente aparecerán, y hacer todo lo posible para abstenernos de juzgar el hecho de que seamos tan reactivos y juzguemos nuestras experiencias a cada momento.

«No juzgar» significa que vemos,
sin juzgar al que juzga,
de qué modo la mente
puede juzgar en ciertos
momentos.

4

Siete principios para trabajar con el dolor

Siete principios
para trabajar
con el dolor

Cuando cultivamos un enfoque intencional para trabajar de manera consciente con una afección de dolor crónico o con otros aspectos desafiantes de la vida, puede ser útil tener presentes algunos principios, actitudes y perspectivas básicas.

He aquí siete de ellas. Aunque algunas ya las hemos visto, son tan fundamentales que merecen ser recordadas una y otra vez, e incluso memorizadas. Al igual que las propias prácticas de meditación, es beneficioso recordar estos principios con regularidad todos los días, tal vez al despertar por la mañana, e incluso a cada momento a lo largo del día.

Cambiar nuestra relación

con el dolor implica recurrir

a los profundos recursos interiores

de que disponemos en nuestro

propio cuerpo y mente,

y ponerlos a trabajar

para mejorar la calidad

de nuestra vida,

momento a momento

y día a día.

1. Mientras respiremos, hay más cosas buenas en nosotros que malas, sin importar lo que esté mal.

Cambiar nuestra relación con el dolor implica recurrir a los profundos recursos interiores de que disponemos en nuestro propio cuerpo y nuestra mente, poniéndolos a trabajar para mejorar la calidad de nuestra vida, momento a momento y día a día.

2. El poder del mindfulness reside en el momento presente.

El poder del momento presente es enorme y, sin embargo, la mayoría de las veces nos empeñamos en vivir en el pasado o en el futuro, en nuestros recuerdos o en una constante anticipación, preocupación o planificación. Rara vez nos damos cuenta de lo poderoso y sanador que resulta habitar *este* momento, el único en el que estamos vivos.

Por extraño que parezca, vivir en el presente resulta ser un verdadero reto, incluso cuando sabemos que es el único momento que realmente tenemos para hacer algo: aprender, crecer, aceptar las cosas tal como son, expresar nuestro afecto y aprecio por los demás, amar. Todo esto requiere una práctica muy delicada pero persistente de recordarnos a nosotros mismos una y otra vez (y se podría decir que también de «reincorporarnos» a nosotros mismos).

El presente es el
único momento
que realmente tenemos
para hacer algo:
aprender, crecer, aceptar
las cosas tal como son,
expresar nuestro
afecto y aprecio
a los demás, amar.

3. Habitar el momento presente.

Por supuesto, estamos más que contentos de pasar tiempo en el momento presente, siempre y cuando sea exactamente de nuestro agrado. Pero, en general, en nuestra mente pensante y sensible, lo que ocurre en este momento no suele ser ni de lejos tan bueno o agradable como nos gustaría.

En general, esto es así, aunque no padezcamos un dolor crónico. Tanto si padecemos una enfermedad de este tipo como si no, ¿nos damos cuenta de lo fácil que es querer que las cosas sean diferentes a como son en realidad?

Desde luego, no queremos habitar el momento presente si es desagradable de algún modo, si no nos gusta especialmente. Y desde luego no nos gusta cuando experimentamos un dolor considerable. En consecuencia, a menudo tendemos a distraernos de una forma u otra para escapar de la realidad del presente, en especial si no nos agrada.

4. Cuando nos enfrentamos a situaciones que no nos gustan, solemos optar por dos opciones.

Son dos nuestras opciones habituales ante situaciones que no nos gustan y que no desearíamos que sufriera nadie:

Podemos darles la espalda y hacer todo lo posible por ignorarlas o escapar de ellas. También podemos obsesionarnos sin cesar con nuestros problemas. En cualquier caso, nos sentimos víctimas de nuestra experiencia.

La consecuencia es que nos encontramos recurriendo a fuentes familiares para mitigar el dolor, como el alcohol, las drogas, la comida, distraernos sin cesar con nuestro teléfono, darnos atracones de televisión, navegar y publicar en las redes sociales, huyendo a una madriguera de conejos tras otra, incluso si estas estrategias de afrontamiento y oportunidades de distracción perpetua ofrecen cualquier cosa menos una sensación duradera de satisfacción y contento. Aunque puedan brindar un alivio temporal hasta cierto punto, estas actividades también tienden a fomentar la adicción, la desconexión y el descontento. Sin ser conscientes de ello, nuestros dispositivos pueden degradar fácilmente nuestra vida analógica, eclipsar muchos de nuestros momentos más importantes y hacer que nuestra vida sea aún más estresante y problemática a largo plazo. Los datos del año 2021 muestran que, de media, las personas consultan sus teléfonos más de 250 veces al día, o aproximadamente seis veces en cada hora de vigilia. Un antídoto sensato: cobrar consciencia del impulso de mirar el teléfono y tal vez convertir ese ejercicio en una práctica de meditación, que puede conducir rápidamente a una autorregulación y contención más frecuentes y sabias por nuestra parte.

Es más, cuando nos enfrentamos al estrés y a situaciones que no nos gustan, podemos caer fácilmente en el hábito de mostrarnos irritables, bruscos y enfadados la mayor parte del tiempo debido a nuestro propio dolor y frustración. Tal vez sea muy comprensible, pero no es necesariamente útil.

Nos damos cuenta
de que achacar
nuestras dificultades
a nuestro dolor
no mejora nuestras
circunstancias.

Otra trampa al afrontar el dolor es la tendencia infravalorada a retraerse emocionalmente, distanciarse, aislarse de los demás, de la sociedad y de la vida, y en consecuencia vivir en un estado de perpetua contracción tanto del cuerpo como de la mente.

Ninguna de estas estrategias de afrontamiento y tácticas de escape inadaptadas nos aporta mucha felicidad o bienestar.

Sonreír y aguantarse tampoco es demasiado útil a largo plazo.

En algún momento, con suerte, nos damos cuenta de que achacar nuestras dificultades a nuestro dolor, por muy justificado que esté, no mejora nuestras circunstancias; de hecho, a menudo agrava nuestra frustración e incluso puede abocarnos a la desesperación.

5. Hay otra forma de abordar las experiencias dolorosas.

Existe otra forma completamente nueva de relacionarse con las experiencias dolorosas y no deseadas: una forma de ser, en lugar de una forma de hacer, forzar y resistirnos de continuo. Esta nueva forma no implica alejarse de las experiencias dolorosas o intentar suprimirlas. Tampoco conduce, como podría pensarse, a sentirse abrumado por ellas.

Este es el camino del mindfulness, una forma de abrirnos a nuestra experiencia y de hacernos amigos de ella a

Mindfulness es abrirse
a nuestra experiencia
y hacernos amigos de ella,
momento a momento.

cada momento. Prestamos atención. Nos hacemos amigos. Extendemos la alfombra de bienvenida. Podemos practicar de este modo incluso durante brevísimos momentos, solo echando un vistazo, y solo de acuerdo con nuestra propia motivación y nivel de energía del momento. La clave reside en comprometerse con esta apertura de corazón y, básicamente, interesarse y sentir curiosidad lo mejor posible durante breves instantes, pero también volver a interesarnos una y otra vez.

Por extraño que pueda sonar, estamos cultivando y refinando el mindfulness, la perspicacia y la ecuanimidad al dirigirnos *hacia* lo que más tememos sentir o experimentar cuando se trata de un dolor crónico con el que la medicina no nos ayuda más allá de cierto punto. Al «aprender a convivir con ello», poco a poco, con el tiempo, nos abrimos más a ello, lo investigamos y nos hacemos amigos de la situación lo mejor que podemos. Pero tengamos en cuenta que solo nos abrimos a la experiencia en la medida en que nos sentimos preparados para hacerlo en un momento dado. Solo nos abrimos a ella en la medida en que estamos dispuestos a volvernos hacia toda la gama de nuestra experiencia, incluso cuando sea muy desagradable, molesta y no deseada. Y nos volvemos hacia ella, lo mejor que podemos, con un alto grado de amabilidad hacia nosotros mismos.

Extendemos la alfombra de bienvenida a lo que está sucediendo por la sencilla razón de que lo que sucede *ya está sucediendo*. Lo que sentimos, ya lo estamos sintiendo.

… lo que sucede
ya está sucediendo…
El reto es cómo vamos
a relacionarnos
sabiamente con ello
en este momento.

El reto es cómo vamos a relacionarnos sabiamente con ello en este momento. Cualquier intento de apartarse de ello, por comprensible que sea, es solo una forma de negar la realidad de la situación. Ese enfoque, aunque totalmente comprensible, no ayuda demasiado en el proceso de aceptar las cosas tal como son, el elemento central del proceso de *curación* en contraposición al de *arreglar* las cosas. Tampoco sucumbir a un sentimiento de derrota, resignación, depresión o autocompasión. Eso solo empeora las cosas.

Si elegimos alejarnos de nuestra experiencia, esencialmente estamos alejándonos de la oportunidad de aprender del dolor, en todas sus diferentes dimensiones, y de lo que tiene que enseñarnos. Si nos alejamos, aunque a veces parezca más fácil tomar ese camino, especialmente cuando nos sentimos deprimidos, abatidos, o desesperanzados, tal vez nunca encontremos las aperturas, las nuevas posibilidades, los nuevos comienzos, las nuevas formas de ser que están a nuestra disposición aquí y ahora, dentro de nuestras propias circunstancias vitales, dentro de nuestra propia mente y nuestro propio cuerpo, tal como son en este momento.

Si tratamos de alejarnos, quizá no descubramos que podemos hacernos más fuertes y flexibles, sin importar a qué nos enfrentemos, precisamente trabajando *con* nuestra situación y aceptándola, al menos por ahora, en lugar de apartarnos de ella. Apartándonos, es posible que no descubramos que puede haber opciones totalmente nuevas y eficaces para aprender y transformar nuestra relación

Podemos hacernos

más fuertes

y más flexibles,

sin importar a qué

nos enfrentemos.

Cultivamos la resiliencia

mediante

la práctica continua.

Es una forma de vivir

y de vivir bien

con lo que la vida nos ofrece.

con lo que sea que estemos cargando en este momento, el sufrimiento que estamos experimentando. Como hemos visto, el significado raíz del verbo «sufrir» es «cargar». Tal vez podamos encontrar formas creativas de dejar de lado lo que llevamos durante un tiempo, o sostenerlo de otra manera.

El enfoque del mindfulness, consistente en volvernos hacia nuestras experiencias y abrirnos a ellas incluso cuando nos resulta difícil hacerlo, suele conducirnos a nuevas formas de ver y a nuevas posibilidades de aceptar nuestra situación en el momento presente, nos guste o no, lo queramos o no.

Este gesto de *acercarse* y *hacerse amigo* de las experiencias, incluso de las difíciles y no deseadas, por interés y curiosidad, fomenta la resiliencia y la fuerza interior. Cultivamos la resiliencia mediante la práctica continua. Es una forma de vivir y vivir bien con lo que la vida nos ofrece, asumiendo la maravilla y el desgarro de la vida en todas sus formas, la «catástrofe total» de la condición humana, por así decirlo, en la frase de la película clásica *Zorba el Griego*.

6. Abrirnos a la experiencia a cada momento.

El sendero del mindfulness implica aprender a abrirnos a nuestra experiencia a cada momento con amabilidad y compasión hacia nosotros mismos, tanto si lo que estamos experimentando en un momento dado es agradable, desagradable o tan neutro y ordinario que puede que no

El sendero del mindfulness
implica aprender a
abrirnos a nuestra experiencia
a cada momento
con amabilidad y compasión
hacia nosotros mismos,
tanto si lo que estamos
experimentando
en un momento dado es
agradable, desagradable o
tan neutro y ordinario
que puede que no nos demos
cuenta de ello en absoluto.

nos demos cuenta de ello en absoluto. También nos invita a percatarnos de lo juiciosa y reactiva que es la mente, y a acercarnos a cada momento, lo mejor que podamos, sin juzgar la experiencia como buena si nos gusta, mala si no nos gusta o no la queremos, o aburrida si no tenemos ningún sentimiento particular en un sentido u otro.

Como hemos visto antes, esto no significa que no vayamos a tener muchos disgustos o juicios. Significa que podemos crear la intención de suspender nuestra tendencia a vernos provocados de continuo y a juzgarlo todo al instante dependiendo de si, a menudo en una fracción de segundo, nos gusta o nos desagrada. Podemos reconocer y, por lo tanto, dominar nuestra propensión a reaccionar automáticamente y, en consecuencia, sin sentido y con una emoción importante –como ira, odio, aversión o desengaño– ante lo que no nos gusta o por lo que nos sentimos amenazados y simplemente deseamos que desaparezca. Y del mismo modo, con un mayor mindfulness, podemos reconocer y, por consiguiente, dominar nuestro impulso de buscar y aferrarnos a lo que nos gusta y queremos que dure más o que tengamos más. En ambos casos, estamos desequilibrados en ese instante concreto, y carecemos de ecuanimidad y paz mental. Esto puede remediarse en cualquier momento, incluso en los más desafiantes, si retrocedemos un poco y volvemos a la consciencia misma, incluida la respiración, cuando hemos experimentado su efecto estabilizador y de enraizamiento. Esto nos proporciona, en cualquier momento en que estemos preparados para reconocerlo, una perspectiva más amplia de lo que realmente se está desarrollando en ese momento, que siempre es realmente *este* momento.

Cuando nos acercamos intencionadamente a la experiencia de cualquier momento con mindfulness, disponemos de inmediato de una nueva forma de cultivar el equilibrio emocional en las situaciones que nos suelen sacar de quicio y nos llevan a reaccionar con estrés y turbulencias y trastornos emocionales. El mindfulness no es un ideal que tratemos de imponernos, ni un «estado» especial que nos esforcemos por adquirir. Por el contrario, el mindfulness es la consciencia misma, pura y simple. Es una capacidad innata que todos tenemos, un recurso interior que siempre está a nuestra disposición y que, con el tiempo, podemos aprender a reconocer y habitar de forma mucho más regular y fiable. El reto consiste en saber si podemos acceder a nuestra consciencia en cualquier instante, especialmente en los momentos en que más la necesitamos. ¿Por qué? Porque tendemos a quedarnos atrapados en la corriente de nuestros pensamientos y en nuestra propia reactividad emocional en un momento dado. Pero aquí es precisamente donde entra en juego el cultivo del mindfulness en cada momento. En la práctica de la meditación, nos volvemos mucho más conscientes de todos nuestros pensamientos y sentimientos —sin excepción— simplemente como *eventos* en el campo de la consciencia, en lugar de como hechos y, por tanto, «la verdad de las cosas», que casi nunca son.

El mindfulness no es un ideal
que tratamos de imponernos,
ni un «estado» especial
que nos esforcemos por adquirir…
En la práctica de la meditación,
nos volvemos mucho más
conscientes de nuestros
pensamientos y sentimientos
–de todos ellos–
simplemente como *eventos*
en el campo de la consciencia,
en lugar de como hechos
y como «la verdad de las cosas»,
que casi nunca son.

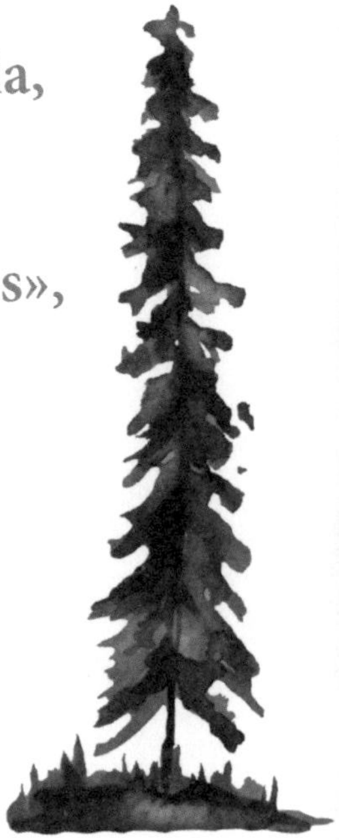

Cambiar la forma en
que reaccionamos
a las experiencias
de nuestra vida
a medida que se desarrollan
puede tener una influencia
muy positiva, significativa
y, a veces, liberadora
sobre nuestro dolor.

Con el tiempo y la práctica, tal vez nos demos cuenta de que ser menos reactivos emocionalmente, menos críticos en nuestros juicios, más amables y más tolerantes con nosotros mismos y con nuestras experiencias, sean cuales sean, se convierte gradualmente en nuestro modo de actuar, nuestra «configuración por defecto». También podemos descubrir que reaccionar a lo que no nos gusta o no queremos con ira, resentimiento, miedo o desprecio hacia uno mismo resulta en un tipo de contracción de mente y cuerpo que solo aumenta nuestro dolor y agrava nuestra angustia y sufrimiento. Así pues, cambiar la forma en que reaccionamos ante las experiencias de nuestra vida a medida que se desarrollan puede tener una influencia muy positiva, significativa y, a veces, liberadora sobre nuestro dolor. Y gran parte de este cambio se produce de manera natural, sin forzar las cosas para que sean de una determinada manera, simplemente a través de un compromiso suave con nuestros momentos.

7. No se trata de hacer desaparecer nada.

No intentamos eliminar nuestro dolor ni «controlarlo». Tampoco intentamos reprimir nuestras emociones. De hecho, cuando cultivamos el mindfulness, no tratamos de arreglar nada en absoluto, aunque queramos, aunque nos sintamos impotentes y resentidos porque la medicina no pueda arreglar automáticamente lo que nos aqueja. Por el contrario, simplemente buscamos un lugar donde sentarnos, tumbarnos o permanecer, un refugio en el que

Simplemente buscamos un lugar
donde sentarnos, tumbarnos o
permanecer, un refugio en
el que podamos residir
en el momento presente
y tal vez experimentar un
pequeño respiro,
un refugio justo en medio
de la tempestad,
al abrigo del viento,
sin que nada tenga que cambiar.

podamos residir en el momento presente y tal vez experimentar un pequeño respiro, un refugio justo en medio de la tempestad, al abrigo del viento, sin que nada tenga que cambiar.

Sorprendentemente, esta postura de «no hacer», o de acceder al «dominio del ser», puede conducir muy rápidamente a algún tipo de cambio en nuestro dolor o, como mínimo, en nuestra relación con él.

Sin embargo, en esos momentos en los que podemos estar un tanto bloqueados por nuestros hábitos de pensamiento –atrapados en las mismas viejas rutinas con respecto a nuestra condición, desesperados por querer hallarnos en otro lugar, por arreglar algo que creemos que está roto o por hacer desaparecer una molestia–, ese deseo en sí mismo y nuestra fijación en él pueden prolongar la experiencia del dolor, la insatisfacción y el sufrimiento. Es como si, al alimentar estas energías, nos encerrásemos en nosotros mismos e impidiéramos que cambiase nuestra experiencia. El mundo y nuestro cuerpo cambian de continuo. Es una ley natural: la ley de la transitoriedad. Todo cambia. ¿Por qué la experiencia del sufrimiento iba a ser una excepción?

Es importante recordar que, a veces, la paciencia y la tolerancia ante lo no deseado pueden ser tanto una estrategia eficaz a corto plazo como una estrategia útil a más largo plazo para permitir que las cosas cambien e incluso se curen por sí solas.

El mundo y nuestro cuerpo
cambian de continuo.
Es una ley natural: la ley
de la transitoriedad.
Todo cambia.
¿Por qué la experiencia
del sufrimiento
iba a ser una excepción?

5

Cómo cultivar
el mindfulness

Cómo cultivar
el mindfulness

Si estamos dispuestos a ello, sugiero que volvamos a ver, reflexionar y comprometernos con lo que se señala en las diversas secciones de este libro una y otra vez durante los próximos días, semanas, meses y años. El mindfulness es un compromiso para toda una vida, y lo hacemos para toda la vida, motivados tanto para vivir el momento tal como es como, al hacerlo, afinar la calidad de nuestra vida en el futuro. Con un toque de ligereza, pero también con la firme intención de no perdernos ningún momento, tengamos presentes estas prácticas lo mejor que podamos y utilicémoslas a lo largo del día. Esta forma de relacionarse con el dolor y con lo no deseado se convertirá gradualmente en algo natural para nosotros. A medida que practiquemos la meditación, aprenderemos a no ser demasiado duros con nosotros mismos en los momentos en los que nos veamos atrapados en la búsqueda de un determinado resultado o sentimiento, «yendo contracorriente», por así decirlo, y sintiéndonos frustrados, o cuando no

Podemos considerar que
la consciencia es
un sentido más por
derecho propio,
esencial para que se registren
todas las demás
experiencias sensoriales,
incluido el ámbito de los
pensamientos y las emociones.

conseguimos exactamente lo que esperábamos. Y también cuando rechazamos la práctica por completo durante determinados periodos. Todo esto forma parte de la práctica, especialmente si somos conscientes de ello y volvemos una y otra vez a la vida tal como se desarrolla en este momento.

El cultivo diario del mindfulness, tanto formal como informalmente, tiene el potencial de iluminar y ampliar no solo nuestra forma de pensar, sino, lo que es más importante, nuestra manera de intimar con la vida tal como la experimentamos a través de nuestros sentidos. De hecho, podemos considerar que la consciencia es un sentido más por derecho propio, esencial para que se registren todas las demás experiencias sensoriales, incluido el ámbito de los pensamientos y las emociones.

Como estamos aprendiendo, todas las prácticas del mindfulness son diferentes puertas de entrada a la misma habitación: la habitación de la propia consciencia. La consciencia es una forma de inteligencia humana que ya poseemos, cada uno de nosotros, y a la que podemos aprender a recurrir sistemáticamente. La consciencia tiene sus propias virtudes, que son mucho más fiables, equilibradas y reveladoras que nuestros procesos de pensamiento habituales en muchos de nuestros momentos más estresantes. Así pues, en la medida de lo posible, intentamos acordarnos de invitar al mindfulness a convertirse en nuestro modo por defecto en la vida cotidiana, confiando en la sabiduría innata del cuerpo y la mente mientras nuestra vida sigue desarrollándose a cada momento en la consciencia.

Intentamos acordarnos
de invitar al mindfulness
a convertirse en nuestro
modo por defecto
en la vida cotidiana, confiando
en la sabiduría innata del
cuerpo y la mente
mientras nuestra vida
sigue desarrollándose
a cada momento en la consciencia.

Quizá queramos releer estas páginas de vez en cuando, aunque solo sean algunas líneas aquí o allá, o uno o dos párrafos, y aplicar lo que extraigamos de ellas a lo que esté ocurriendo en nuestra vida en ese momento. Del mismo modo, lo mejor es combinar la lectura y relectura de lo que hemos aprendido hasta ahora con la práctica regular de las meditaciones guiadas que se describen en la sección siguiente y que acompañan a los archivos de audio. De este modo, ante cualquier cosa que surja dentro y fuera de nosotros, estaremos alimentando activamente el poder de la consciencia carente de prejuicios momento a momento y día a día. Como hemos visto, la consciencia es en sí misma la puerta a la liberación del sufrimiento. Está disponible en todos y cada uno de los momentos en los que recordamos acceder a ella y habitarla.

La invitación consiste en practicar el trabajo sistemático con todo el cuerpo tal como es cada día; con la respiración, con cualquier sensación de dolor o incomodidad, con cualquier limitación de la movilidad, con los pensamientos, las emociones y los distintos estados mentales; y, sobre todo, con la propia consciencia. Exploremos lo mejor que podamos nuestra capacidad para cultivar una forma nueva y más compasiva de mantener una sabia relación con nosotros mismos, no solo en los momentos de dolor y sufrimiento, sino también en los pequeños y no tan pequeños momentos de alegría y gratitud inherentes a la vida. En realidad, esos momentos son enormes. Son instructivos. Son curativos.

Algunos consejos prácticos

A continuación, ofrecemos algunos consejos prácticos que debemos tener en cuenta cuando realicemos las correspondientes prácticas de meditación guiada.

A la hora de hacer hueco y dedicar tiempo a un periodo de meditación formal de mindfulness, lo mejor es que practiquemos en un entorno cómodo y protegido en el que no nos molesten, en la medida en que podamos organizarlo. Una habitación de casa puede ser el lugar ideal para practicar al principio, pero en última instancia, el plan de estudios es estar «en casa» dondequiera que nos hallemos.

Apagamos el teléfono y cualquier otro dispositivo que pueda interrumpirnos o distraernos. De este modo, el tiempo que dedicamos intencionadamente a la práctica se convierte en un tiempo solo para nosotros, un tiempo para ser en lugar de para hacer, un tiempo sin más agenda que ser conscientes de la experiencia de la vida que se despliega en el único momento en que lo hace: el presente.

Si disponemos de diez minutos para la práctica, que sean diez minutos preclaros dedicados por completo a estar presentes, con un mínimo o incluso ninguna distracción externa, mientras aprendemos a disponer la alfombra de bienvenida para el modo en que es este momento, abrazando el cuerpo en la consciencia con amabilidad y gentileza tal como es, sin importar lo desafiante que sea ese gesto interior ante la incomodidad o el dolor absoluto.

Prácticamente cualquier
experiencia
humana es útil si estamos
dispuestos a permanecer presentes,
concentrarnos y hacer una cierta
cantidad de trabajo.

Esta es la invitación fundamental, tanto si dedicamos tres minutos a la práctica de la meditación como si son diez, veinte o treinta.

Si aprendemos a entrar de lleno en el momento presente, el tiempo del reloj tiende a desvanecerse, dejando solo el momento que conocemos como ahora. Esta experiencia de atemporalidad puede ser muy reparadora y curativa por sí misma, aunque solo perdure unos breves instantes según el reloj.

Prácticamente cualquier experiencia humana es útil si estamos dispuestos a permanecer presentes, concentrarnos y hacer una cierta cantidad de trabajo interior y exterior. En nuestro caso, esto significa comprometernos de todo corazón con estas prácticas de mindfulness en la medida en que nos resulten agradables.

Cultivar el mindfulness formalmente se parece un poco a cuando un músico afina su instrumento. Con estas meditaciones, estamos afinando nuestro propio instrumento, nuestras profundas capacidades interiores de consciencia y bienestar. Entonces, todo lo que aparece mientras estamos sentados o acostados se convierte en parte de la música. No nos limitamos a afinar, sino que tocamos. No estamos ensayando ni actuando. Estamos viviendo la vida que nos corresponde vivir, en el único momento que tenemos.

Posturas para la meditación formal

Es útil decidir de antemano qué postura vamos a adoptar mientras practicamos las meditaciones guiadas, o por nuestra cuenta cuando queramos intentarlo sin ningún tipo de guía, lo cual siempre es recomendable.

Todas las meditaciones guiadas pueden practicarse acostados o sentados con los ojos abiertos o cerrados. Si estamos tumbados, puede ser en una cama, en un sofá o en el suelo sobre una esterilla gruesa, lo que sea que nos resulte más cómodo. Podemos acostarnos boca arriba o acurrucarnos de lado, según nos parezca más conveniente. Una vez más, lo importante es que la posición corporal sea cómoda, sobre todo si sentimos dolor incluso antes de empezar. Soy un gran fan de las meditaciones acostado, y cuanto mayor me hago, más valiosas y poderosas me parecen. Mediante la práctica continuada, sobre todo en la cama después de dormir, boca arriba si nos es posible, podemos animarnos a «despertar» en gran medida, momento a momento y respiración a respiración. Ya sea durante tres o quince minutos, es una forma estupenda de empezar el día.

Si decidimos adoptar una postura sentada, intentamos encontrar una silla cómoda pero no demasiado acolchada para poder obtener el apoyo que necesitamos. Si es posible, nos sentamos con la espalda recta, de modo que no estemos encorvados ni encorvadas. Nos sentamos lo mejor que podamos con una postura erguida, pero no rígida. Que sea una postura que para nosotros encarne la vigilia

Cualquier postura
que adoptemos
estará bien, siempre que
promueva la vigilia,
en lugar de la somnolencia.

y la dignidad. A veces, una silla con el respaldo recto es la que más favorece esta actitud.

También podemos sentarnos en el suelo sobre un cojín de meditación, aunque esto puede no ser aconsejable si padecemos alguna enfermedad crónica que afecte a la espalda o las piernas.

En última instancia, cualquier postura que adoptemos estará bien, siempre y cuando promueva la vigilia, en lugar de la somnolencia. La invitación es siempre a estar despierto. Pero, si nos sentimos somnolientos, podemos experimentar cobrando consciencia de la sensación de somnolencia. El mero hecho de prestar atención a la somnolencia es muy eficaz para ayudarnos a despertar.

Cómo utilizar las prácticas de audio guiadas

Las prácticas de meditación guiada están disponibles en formato de audio para que las utilicemos mientras practicamos. No se trata tan solo de escucharlas, sino de participar plenamente en ellas. Por ese motivo, puede resultarnos útil leer los textos de las versiones escritas en la siguiente sección para familiarizarnos con ellos antes de realizar las prácticas. Comprobaremos que los textos escritos difieren en algunos puntos de las versiones sonoras. Los he refinado para este libro con el fin de que el lector disponga de un complemento matizado a la orientación ofrecida en las propias prácticas de audio. Espero que las diferencias entre el audio y el texto escrito ayuden a intuir nuestra propia comprensión y experiencia de dónde y cómo las palabras nos invitan a dirigir nuestra atención, especialmente si volvemos a esa sección y la repasamos una y otra vez mientras practicamos con la guía de audio. Cuanto más practiquemos, más accesible nos resultará la consciencia. No hay duda: es una gran inversión. Pero no olvidemos que esa inversión es para recuperar nuestros momentos y, por tanto, nuestra vida. De manera que lo que está en juego es muy importante para nuestro bienestar.

Aunque en las meditaciones guiadas en audio mi voz* ofrece una guía a lo largo del camino la mayor parte del tiempo, puede ser muy útil experimentar con dejarnos llevar por lo que hay debajo de las palabras, de modo que no solo escuchemos lo que digo, sino que, al mismo tiempo, experimentemos directamente, lo mejor que podamos, lo que se está señalando en nuestro propio cuerpo, nuestra mente y nuestro corazón. De este modo, no nos quedaremos demasiado atrapados en las palabras, ni nos esforzaremos por llegar al final de la meditación, sino que conectaremos con lo que se está señalando en nuestra propia experiencia del momento presente.

Si en algún momento mis palabras se convierten en un obstáculo de un modo u otro, mi consejo es que las ignoremos y nos entreguemos con confianza al desarrollo de nuestra propia experiencia, sintiéndonos libres, por supuesto, para detenernos en cualquier momento o para

---

* La presente edición española incluye los audios en castellano y también en inglés con la voz original de Jon Kabat-Zinn. [*Nota del editor*].

Experimentamos con dejarnos
llevar por lo que hay
debajo de las palabras,
de modo que no solo
escuchemos lo que digo,
sino que, al mismo tiempo,
experimentemos directamente,
lo mejor que podamos,
lo que se está señalando
en nuestro propio cuerpo,
nuestra mente
y nuestro corazón.

empezar de nuevo cuando nos sintamos preparados para ello.

Los periodos de silencio, ya sean largos o cortos, pretenden ofrecer un espacio para descansar en nuestra propia consciencia, abrazando a cada momento cualquier aspecto de la experiencia que hayamos elegido incluir en el campo de la consciencia, incluyendo, por supuesto, el malestar que podamos sentir en nuestro cuerpo, abrazándolo en la medida que deseemos, aunque sea durante unos breves instantes, con el ánimo de hacernos amigos de él y ver qué podemos aprender.

6

El poder de
la práctica disciplinada:
textos de
las meditaciones guiadas

El poder de
la práctica disciplinada:
textos de
las meditaciones guiadas

A l realizar las prácticas de meditación guiada, es útil tener en cuenta que el poder del mindfulness se desarrolla con la práctica continua de la meditación. Asimismo, practicar implica un alto grado de repetición, ya que utilizamos las mismas meditaciones guiadas una y otra vez. Practicar de esta manera es una forma de disciplina y requiere un cierto nivel de perseverancia, tanto si nos apetece practicar un día como si no. Las meditaciones, ya sean cortas o largas según el reloj, pueden parecernos interminables y aburridas. Nada de eso es un problema. Cuando nuestros pacientes se inscriben en el programa MBSR de ocho semanas, les decimos que, para ser admitidos, tienen que comprometerse a practicar las meditaciones guiadas diariamente durante las ocho semanas, tanto si les gustan como si no. Les decimos explícitamente que no es necesario que les *gusten* las prácticas de meditación guiada. Solo se les pide que suspendan sus juicios y las *realicen* durante las ocho semanas. Sin un compromiso disciplinado para practicar de esta forma radical, sin apego a los resultados, aunque sean tan deseables como la disminución del dolor, no tendría sentido seguir el programa. También les decimos que, al final de las ocho semanas, son absolutamente bienvenidos a decirnos tan sincera y gráficamente como quieran si las prácticas les han resultado útiles o no. Pero, durante las ocho semanas del programa, les pedimos que simplemente hagan las prácticas con regularidad, al menos seis días a la semana, les apetezca o lo contrario, les gusten o no, las encuentren beneficiosas o no. El principio es que, si pedimos mucho, podemos obtener beneficios considerables. Pero si solo nos exigimos un poco, lo máximo que sacaremos del programa será lo poco que invirtamos en él. Cuando se trata de dolor crónico o de diagnósticos médicos graves de cualquier tipo, se necesita un grado considerable de motivación interior y tiempo para saborear los beneficios potenciales de la práctica del mindfulness.

Curiosamente, a veces las prácticas a las que las personas se resisten más pueden resultar, a la larga, las más beneficiosas y poderosas para ellas. Por consiguiente, el aburrimiento, la impaciencia o la frustración, si surgen, no tienen por qué ser problemas o impedimentos para beneficiarse de la práctica. Son solo condiciones pasajeras de la mente que van y vienen, como la ansiedad, la tristeza o la alegría. Podríamos pensar en ellas como patrones cli-

Si pedimos mucho,
podemos obtener beneficios
considerables.
Pero si solo nos
exigimos un poco,
lo máximo que sacaremos
del programa será lo poco
que invirtamos en él.

máticos en la mente, como nubes o tormentas que pasan, que aparecen y desaparecen, siempre cambiando en la extensión de la consciencia en sí.

Es más, cuando practicamos repetidamente la misma meditación guiada, cada vez que la escuchamos podemos descubrir que escuchamos cosas nuevas, cosas que no habíamos oído antes, aunque obviamente hayan estado ahí desde el principio. Como ninguno de nosotros somos exactamente la misma persona de un día para otro, las circunstancias de cada momento influyen en lo que podemos oír y comprender. Así pues, de nuevo, lo que parece repetición no lo es en realidad. Siempre hay un elemento de frescura, de nuevo comienzo, con cada momento, con cada respiración. Como hemos visto, todas estas prácticas que estamos cultivando juntos son, en esencia, diferentes puertas a la misma habitación: la habitación de nuestro propio corazón, la habitación de la consciencia misma.

Y, si lo pensamos unos instantes, no es justo ni exacto llamarla «nuestra» consciencia. La consciencia simplemente es. Es una capacidad humana universal, una especie de superpotencia no reconocida. Todos nacemos con esta capacidad. La gran pregunta es: ¿podemos aprender a habitarla? ¿Podemos aprender a vivir cada vez más en el espacio y la amplitud de la consciencia?

Todas estas prácticas
que estamos cultivando
juntos son, en esencia,
diferentes puertas a la
misma habitación:
la habitación de nuestro
propio corazón,
la habitación de la
consciencia misma.

De manera que tenemos que divertirnos utilizando estas diferentes prácticas en función de nuestro estado de ánimo, nuestra intuición y el tiempo del que dispongamos. A medida que nos familiaricemos con los diferentes elementos del programa, podremos elegir o combinar las distintas meditaciones guiadas, personalizando así nuestra práctica de mindfulness y haciéndola propia.

En las prácticas y las meditaciones guiadas de este libro, nuestra motivación e intención desempeñan desde el principio un papel increíblemente importante. Las meditaciones no tienen nada que ver con escuchar pasivamente mi voz. Al contrario, la invitación es a participar activamente en esta aventura juntos, a cada momento, prestando atención a lo que mi voz señala, pero también a nuestra propia experiencia de ello. Las meditaciones guiadas están diseñadas para que nos comprometamos con ellas de la forma más amorosa, disciplinada y participativa posible, tanto los días que nos apetezcan como los que no. En esos días, nuestro compromiso y atención, en la medida en que podamos movilizarlos, son especialmente importantes y potencialmente muy reveladores.

Merece la pena reiterar que mientras sigamos las instrucciones de las meditaciones guiadas y practiquemos con regularidad según nuestro propio nivel de comodidad, en una primera aproximación lo estaremos haciendo bien. Incluso cuando parezca que no lo estamos haciendo bien y no percibamos ningún beneficio, o cuando no nos sintamos mejor que antes de empezar, seguimos haciéndolo

Mientras sigamos las instrucciones
de las meditaciones guiadas
y practiquemos con regularidad
según nuestro propio
nivel de comodidad,
en una primera aproximación
lo estaremos haciendo bien.

bien. Debemos ser amables con nosotros mismos y tener paciencia.

El mindfulness no consiste en experimentar una sensación especial, ni en estar más tranquilos o relajados, ni en obtener una visión más profunda, ni siquiera en liberarse del dolor. Estos beneficios pueden o no formar parte de nuestra experiencia en un momento dado. Lo más probable es que experimentemos muchos momentos de calma, sensaciones de mayor bienestar y perspicacia, quizá incluso menos incomodidad y sufrimiento. Sin embargo, como hemos visto y sin duda veremos aún más a medida que sigamos practicando, lo que experimentemos cambiará inevitablemente en el momento siguiente.

De manera que, por paradójico que parezca, la práctica de mindfulness no consiste en buscar o apegarse a un resultado o estado mental o corporal particular deseado o deseable, por mucho que lo anhelemos. Esto se aplica incluso al deseo muy comprensible de aliviar el dolor. El poder del mindfulness reside precisamente en no apegarse a ningún resultado, por muy natural y comprensible que sea desear uno. Esto sobre todo es importante si sentimos que ya hemos probado distintas opciones médicas para aliviar el dolor y no nos han ayudado, o no lo han hecho lo suficiente. En este trabajo, la práctica consiste en aprender a *volverse hacia* lo que se está desarrollando en este momento atemporal, *verlo con claridad y entablar amistad* con ello, con la mente y el corazón abiertos; en otras palabras, incluso durante el más breve de los momentos, descansando

El poder del mindfulness
reside precisamente
en no apegarse
a ningún resultado,
por muy natural y comprensible
que sea desear uno.

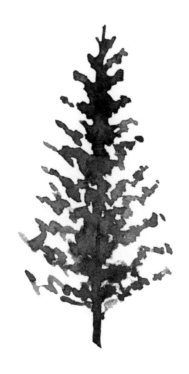

Las prácticas del
mindfulness
no sustituyen los
tratamientos médicos
adecuados,
cuando estos existan,
sino que son un
complemento vital.

lo mejor que podamos en la propia atención, en la consciencia pura, fuera del tiempo, con las cosas tal como son, sin esperar a que se produzca ningún resultado deseado o sensación de bienestar, ni tratar de forzarlos.

Con el tiempo, nuestra familiaridad con el territorio interior de lo que a veces llamo el «paisaje del cuerpo», junto con el «paisaje de la mente» –que juntos constituyen lo que podríamos llamar el «paisaje del dolor» cuando padecemos una enfermedad crónica asociada a un dolor importante–, crecerá de diferentes maneras. Personas con todo tipo de dolores, estrés y diagnósticos médicos han descubierto que estas prácticas les resultan beneficiosas, reparadoras y liberadoras. Y no solo durante breves momentos, aquí o allá, sino durante periodos más duraderos, que a veces se extienden durante días, meses, años e incluso décadas. Las prácticas de mindfulness no sustituyen los tratamientos médicos adecuados cuando estos existan, sino que son un complemento vital. La práctica del mindfulness a menudo conduce a una nueva forma de estar en el cuerpo, una nueva forma de comprometernos y amar la vida tal como es, y en el proceso encontrar un espacio significativo para vivir, y vivir bien en el espacio entre el malestar y el sufrimiento, aunque estos sean intensos.

Meditaciones guiadas: textos ampliados
para complementar la guía de audio

Las pistas de audio para seguir las meditaciones están en https://www.letraskairos.com/meditaciones-para-aliviar-el-dolor-audios y https://www.letraskairos.com/mindfulness-meditation-for-pain-relief-audios (en inglés) y en los códigos QR de las páginas 213 y 214.

Meditación # 1: Mindfulness de la respiración

Volvamos una vez más al momento presente. Recordamos centrar nuestra atención en las palabras, en la experiencia en nosotros mismos a la que apuntan las palabras. Tanto si estamos sentados, acostados boca arriba o en cualquier otra postura, permitimos que nuestra atención se centre lenta y suavemente en las sensaciones de la respiración en el cuerpo, aproximándonos a la respiración como nos acercaríamos a un tímido animal tomando el sol en un tronco en el claro de un bosque… Siempre silenciosa y suavemente, con el más ligero de los toques. De este modo, permitimos que el proceso de la respiración se desarrolle por sí mismo, sin interferencias, mientras sintonizamos con él.

Simplemente abrazamos en la consciencia las sensaciones asociadas con la respiración del cuerpo… Sentimos la duración completa de la respiración entrando en el cuerpo, y la duración completa de la respiración saliendo de él… Momento a momento, y respiración a respiración, mientras permanecemos sentados o acostados.

Cabalgamos sobre las olas
de nuestra propia
respiración,
como si nuestra atención
fuera una hoja flotando
sobre las olas de un lago.

Observamos en qué parte del cuerpo experimentamos las sensaciones respiratorias con mayor intensidad. ¿En las fosas nasales? ¿En el vientre? ¿En el pecho? ¿En todo el cuerpo? Centramos nuestra atención en la región donde las sensaciones respiratorias sean más vívidas y nos quedamos ahí. Lo mejor que podamos, cabalgamos sobre las olas de nuestra propia respiración, como si nuestra atención fuera una hoja flotando sobre las olas de un lago que chapotean suavemente. Sentimos la duración completa de la respiración entrando en el cuerpo, y la duración completa de la respiración saliendo del cuerpo, momento a momento y respiración a respiración. Esto, sin embargo, no es una invitación a pensar en la respiración, sino a *sentir* y *percibir* la respiración en el cuerpo.

Simplemente permanecemos en contacto lo mejor que podamos con las sensaciones del cuerpo al inspirar y al espirar. Eso es todo. Y, de nuevo, lo mejor que podamos, mantenemos nuestra atención en las sensaciones producidas por la respiración a cada momento. No hay ninguna otra tarea aquí. Solo estamos experimentando el desarrollo de este aspecto de nuestra vida en el único momento del que disponemos; es decir, en el presente. Y para ser más explícito, «experimentar» en este caso significa *sentir* las sensaciones de la respiración, no pensar en ellas.

Vemos si podemos residir, por así decirlo, en nuestra consciencia de la respiración que fluye hacia dentro y hacia fuera momento a momento y respiración a respiración. Permitimos que las sensaciones de la respiración dentro

Experimentamos con el
hecho de descansar
en la propia consciencia
mientras situamos las sensaciones
de la respiración, sean cuales sean,
en el centro del campo
de la consciencia…
Sencillamente habitamos
tan cómodamente como podamos
en la amplitud sin límites
de la consciencia misma.

del cuerpo sean reconocidas sin palabras, en la medida de lo posible. Experimentamos con el hecho de *descansar en la propia consciencia* mientras situamos las sensaciones de la respiración, sean cuales sean, en el centro del campo de la consciencia, y dejamos que todo lo demás –sonidos, otras sensaciones corporales, incluso los pensamientos que revolotean por la mente– quede entre bastidores. Sencillamente habitamos tan cómodamente como podamos en la amplitud sin límites de la consciencia misma.

Tarde o temprano, notaremos que nuestra atención deja de estar centrada en la respiración. Está absolutamente garantizado que esto ocurrirá. La mente se desviará, por mucho que intentemos mantenerla presente. Tal vez se quede atrapada en sensaciones intensas en alguna parte del cuerpo con las que estamos luchando de un modo u otro. O tal vez se quede atrapada en la corriente del pensamiento, dejándonos llevar por alguna idea, un recuerdo, una ensoñación, haciendo planes o preocupándonos por algo que no ha sucedido. O quizá experimentemos aburrimiento o impaciencia. Nada de esto es un problema. No es un error por nuestra parte. Le ocurre a todo el mundo, porque nuestras mentes hacen más o menos lo mismo. Somos maestros de la distracción, incluso sin nuestros dispositivos habituales. La mente tiende a agitarse mucho, como la superficie del océano en respuesta a las condiciones atmosféricas locales. Puede ser muy turbulenta. Tiende a estar por todas partes, dispersa, y a distraerse, sea cual sea la tarea o la intención que se proponga.

Esa es una de las principales razones por las que a los seres humanos nos resulta tan difícil concentrarnos en algo durante mucho tiempo sin entrenar intencionadamente nuestro poder de atención. Así pues, aquí tenemos una nueva instrucción, y más crítica, para lidiar con esos momentos: Cuando descubramos que la respiración hace tiempo que ha desaparecido de nuestra consciencia, simplemente advertimos lo que tenemos en la mente en ese momento. A continuación, dejamos que lo que sea se vea, se conozca y se reconozca como una sensación, un pensamiento, una emoción, un recuerdo, un ensueño, un deseo, un melodrama, sin juzgarlo ni juzgarnos a nosotros mismos, y sin tratar de apartarlo ni perseguirlo. En lugar de ello, la instrucción consiste en volver a centrar la atención en la sensación del cuerpo respirando y situarla de nuevo en el centro del campo de la consciencia.

Y si descubrimos, como todos lo haremos, que la mente tiene una tendencia increíblemente fuerte a divagar, a estar por todas partes, entonces *cada vez* que notemos que está atrapada en la corriente de los pensamientos de una forma u otra, aplicamos exactamente la misma instrucción: ser conscientes de lo que tenemos en la mente, ya sea agradable o desagradable (o ninguna de ambas cosas), emocionalmente cargado o aburrido, o relativo al futuro o al pasado. En otras palabras, reconocemos su naturaleza como un pensamiento o una emoción, un sonido o una sensación. Tomamos nota también de cuánta energía tenemos para él o de cuánta energía tiene él para nosotros. Y, en la medida de lo posible, intentamos no juzgar nada de esto, aunque exista una fuerte tendencia a hacerlo. Cualquier cosa que surja, simplemente la reconocemos lo mejor que podamos como un evento en el campo de la consciencia. Luego, la dejamos ser y la dejamos ir, mientras volvemos a dirigir deliberadamente nuestra atención al objeto primario elegido, en este caso, la sensación de respirar.

Practicamos de esta manera una y otra vez. Cada vez que nos damos cuenta de que la mente está en otra parte, reconocemos lo que está en nuestra mente en ese momento y volvemos a la sensación de la respiración en el cuerpo. Y, como acabamos de ver, lo hacemos lo mejor que podemos, sin juzgarnos ni reñirnos de ninguna manera. ¿Por qué? Porque la mente es así. Está en su naturaleza vagar y distraerse, soñar despierta y juzgar. No es algo personal, ni una señal de que seamos pésimos meditadores. El mero hecho de darse cuenta de que la mente se ha alejado de la respiración es en sí consciencia. Y es la consciencia lo que siempre es primordial. La meditación siempre trata de la atención en sí misma y no del objeto u objetos de la atención, que pueden ser cualquier cosa. Así pues, por ahora, la instrucción es volver al objeto primario al que estamos prestando atención, en este caso las sensaciones de la respiración en el cuerpo, una y otra vez, cada vez que descubrimos que la mente se ha extraviado. Pero también, y esto es importante, tomamos nota de lo que tenemos en mente en ese momento. Asimismo, nos damos cuenta de lo fácil que es desviar la atención. De este modo, desarrollamos nuestra capacidad innata de habitar nuestra consciencia momento a momento y respiración a respiración, sin for-

Cada vez que nos damos

cuenta de que la mente

está en otra parte…, volvemos

a la respiración en el cuerpo.

Y lo hacemos lo mejor que

podemos, sin juzgarnos…

La meditación es siempre

sobre la atención misma

y no sobre el objeto u

objetos de la atención,

que pueden ser cualquier cosa.

Descansamos en la consciencia,
respiración a respiración
y momento a momento, y
volvemos a las sensaciones
de la respiración una y otra vez,
de la mejor manera posible,
con un grado de amabilidad
hacia nosotros mismos,
cada vez que nos demos cuenta
de que nuestra atención ya no
está en la respiración y
veamos lo que está
actualmente en nuestra mente.

zar las cosas a ser de otro modo. Comprendemos lo que está ocurriendo, lo mejor que podemos con el más ligero de los toques, en este preciso momento…, y en este…, y en este…, y en este.

No podemos equivocarnos mientras volvamos a la consciencia una y otra vez, a este momento tal como es, a esta respiración, a permanecer sentados o acostados, a descansar en el dominio del ser, de habitar nuestra vida y nuestro cuerpo con plena consciencia.

Así pues, descansamos en la consciencia, respiración a respiración y momento a momento, y volvemos a las sensaciones producidas por la respiración una y otra vez, lo mejor que podamos con un grado de amabilidad hacia nosotros mismos, cada vez que nos demos cuenta de que nuestra atención ya no está en la respiración y veamos lo que hay actualmente en nuestra mente. Ayuda abordar la práctica de la meditación como un acto radical de cordura, un acto radical de amor, y como si nuestra vida misma dependiera de ello, lo cual puede muy bien ser el caso —especialmente la *calidad* de nuestra vida y de nuestros momentos—. Mientras el lector siga practicando con mi voz, le invito a que se entregue a las instrucciones lo mejor que pueda, siguiendo lo que se le invita a hacer, hasta que escuche el sonido de la campana…

Meditación # 2: Qué hacer con el dolor

Tal vez pensemos que *estas instrucciones están muy bien, pero ¿qué hacer si no somos capaces de concentrarnos en la respiración durante un tiempo debido al dolor que no deja de desviar nuestra atención o por los incesantes pensamientos y sentimientos que tenemos sobre el dolor y lo mucho que nos duele? ¿Qué hacer entonces?*

Aquí es donde el camino de nuestro dolor y sufrimiento se encuentra con el sendero de la práctica del mindfulness. Hay una serie de estrategias eficaces para trabajar con las sensaciones intensas que pueden presentarse e impedir que prestemos atención durante mucho tiempo a las sensaciones de la respiración o a prácticamente cualquier otro aspecto de nuestra experiencia, en especial cuando van acompañadas de un montón de pensamientos y emociones fuera de control.

Abordaremos el trabajo con los pensamientos y las emociones en la próxima meditación guiada. Pero, por ahora, es importante encontrar en primer lugar la postura más cómoda para practicar, ya sea sentados o acostados, de rodillas, o incluso de pie o en cuclillas, si alguna de esas posturas funciona mejor para nosotros. Es útil preguntarse: ¿qué es lo que más le favorece a mi cuerpo en este momento? Tal vez lo mejor sea tumbarse en la cama o sobre una superficie blanda, o sentarse en una silla cómoda, pero que ofrezca apoyo, o en una silla con respaldo recto. Solo nosotros podemos saberlo, y quizá tengamos que experimentar un poco durante las primeras fases de la práctica formal hasta que conozcamos las necesidades básicas de nuestro cuerpo y sus limitaciones en cada momento. Por extraño que parezca cuando nos relacionamos con el dolor crónico, merece la pena que probemos a sentarnos en el suelo. Podemos experimentar sentándonos en un cojín de meditación firme (un zafu, con un zabutón debajo para acolcharlo) con suficiente elevación para que las caderas queden más altas que las rodillas, dependiendo de lo flexibles y abiertas que sean las articulaciones de las caderas. Y dondequiera que terminen las rodillas, siempre podemos apoyarlas en cojines adicionales o mantas enrolladas. Si somos lo suficientemente flexibles, podemos probar a sentarnos con las piernas cruzadas en lo que a veces se denomina postura birmana, sobre el zafu y el zabutón en el suelo, con una pierna y un pie extendidos delante del otro. Cuanto más acolchado esté, mejor.

Tal vez, en nuestro caso, lo mejor sea sentarnos en una silla cómoda con respaldo recto, con los pies sin cruzar y apoyados en el suelo y un cojín de apoyo detrás de la parte baja de la espalda. O tal vez nos sintamos más cómodos acostados boca arriba con algunas almohadas apoyadas en las rodillas y la cabeza, o en cualquier otro lugar donde las almohadas nos ayuden. También puede ser útil tumbarse de costado. Confiemos en nuestra intuición y sigamos experimentando con lo que funciona mejor, incluso durante breves periodos de tiempo.

Cuando nos hallamos establecido en una postura corporal que minimice la incomodidad en la medida en que

Simplemente tomando
las cosas momento a momento
y media respiración a media
respiración, en un espíritu
de experimentación
y descubrimiento y de reclamar
nuestro cuerpo, nuestros
momentos y nuestra vida.

eso sea posible, una vez más simplemente nos permitimos entrar en este momento tal como es, sintiendo las sensaciones de la respiración en el cuerpo, ya sea en las fosas nasales, en el vientre o en cualquier otra zona o lugar en que sean más vívidas para nosotros. Sea cual sea la postura que adoptemos, vemos si podemos entrar en contacto con una sola inspiración, y luego simplemente con la siguiente espiración. Y si es así, vemos también si podemos llevar la consciencia a la siguiente inspiración. La siguiente inspiración va a llegar, por mucho dolor que sintamos y por mucho que nos preocupemos. De ese modo, podemos experimentar para ver si es posible, una vez más, con total amabilidad hacia nosotros mismos, permanecer en contacto con esta nueva inspiración, o incluso con media inspiración. Y si eso es posible, entonces experimentamos con el hecho de permitir que nuestra consciencia y amabilidad se trasladen sin problemas a la espiración.

Si nos parece útil, experimentamos dirigiendo nuestra atención a una media respiración cada vez, y luego *manteniéndola* para ver si podemos continuar con la siguiente media respiración. Aunque pueda haber sensaciones intensas que llamen nuestra atención desde otras zonas del cuerpo, estamos experimentando con dar intencionadamente prioridad de atención a cada media respiración, a apuntar y sostener, a apuntar y sostener con el más ligero de los toques, pero con intencionalidad, con resolución, con un espíritu de simple apertura a lo que puede ser posible en este mismo instante. Simplemente tomando las cosas momento a momento y media respiración a media respiración, con un espíritu de experimentación y descubrimiento y reclamando nuestro cuerpo, nuestros momentos y nuestra vida.

Si descubrimos que incluso esta estrategia solo resulta parcialmente eficaz para mantener nuestra atención centrada en las sensaciones de la respiración, también podemos experimentar con otra cosa. Podemos *incluir* intencionadamente la zona que reclama nuestra atención en el abrazo de la consciencia, en lugar de intentar mantener la atención centrada únicamente en las sensaciones respiratorias.

Supongamos que conseguimos mantener la sensación de la respiración en el centro del campo de consciencia durante unas cuantas respiraciones, o incluso durante media respiración, pero al momento siguiente nos percatamos de que el malestar de alguna otra parte del cuerpo —quizá la zona lumbar, la rodilla, el cuello o la cabeza, o donde sea— es demasiado fuerte, perdemos el hilo de la respiración y nos descubrimos luchando. Tal vez estemos deseando que el dolor se calme un poco o que desaparezca por completo para poder recuperar nuestra antigua vida.

En el momento en que surjan estos pensamientos, podemos experimentar con otra estrategia: intentamos inspirar en la zona que nos duele, como si pudiéramos dirigir la energía de la inspiración directamente a esa región, dondequiera que se halle. Y luego, cuando llegue el momento de espirar, espiramos también desde allí. De este modo,

Estamos combinando
la respiración con las
sensaciones en la zona
que nos duele
y permitiendo que nuestra
consciencia las mantenga
a ambas simultáneamente,
a cada momento.

unimos la respiración con las sensaciones de la zona que nos duele y permitimos que la consciencia las mantenga simultáneamente, momento a momento.

Experimentamos de qué modo la respiración baña suavemente la zona en cuestión con cada inspiración y cómo la expulsa de esa región con cada espiración, como las olas en la orilla del mar. No intentamos que el dolor desaparezca ni disminuir su intensidad. Simplemente experimentamos todas y cada una de las sensaciones de esa zona junto con las sensaciones de la respiración, experimentando las olas de la respiración y las olas de las sensaciones que llegan y se van, como las olas que llegan a la playa y vuelven a alejarse, una y otra vez, una y otra vez.

Con el más delicado de los toques, permanecemos en esta experiencia lo mejor que podamos, observando lo que sucede, quizá viendo que esta podría ser una forma de crear más espacio e incorporar la experiencia no deseada de dolor o malestar en la experiencia más amplia del momento presente, la *morada* real de la consciencia sin juicios (la cual puede incluir la consciencia de numerosos juicios, aunque sin juzgar lo críticos que tendemos a ser). O, dicho de otro modo, descubrir el mindfulness como una forma de ser, con mayúsculas. Quizá cultivar el mindfulness de este modo pueda ser una manera de comprometernos a *hacernos amigos* gradualmente de cualquier malestar presente, un modo de extender la alfombra de bienvenida a las sensaciones no deseadas, incluso a las más intensas, y luego ver qué ocurre cuando las invitamos a

Como un bote de remos sujeto

a un amarre, yendo de aquí

para allá con las corrientes mientras

permanece atado, con el tiempo

nos percataremos de que también

podemos amarrar nuestra mente:

a la respiración, al momento presente.

También nos percataremos

de que el dolor no es el mismo,

que no es monolítico, que tiende

a cambiar en intensidad, de ubicación

en el cuerpo, o en la cualidad

de las propias sensaciones.

entrar en el campo de nuestra consciencia, junto con las sensaciones fluidas de la respiración.

Si lo mantenemos de ese modo, este momento se convierte en una oportunidad perfecta para la valiente aventura de trabajar *con* el desasosiego en lugar de aislarlo, ignorarlo o sentirnos abrumados por él. Es una oportunidad perfecta para cultivar una mayor intimidad con lo que normalmente desearíamos que simplemente desapareciera. Después de todo, en este momento, ya está aquí en forma de sensaciones intensas y no deseadas. Así pues, apartarse de ello o intentar distraernos –como ya han demostrado los estudios científicos– solo funciona un poco, si es que en verdad funciona. Es mucho más eficaz entrar directamente en las sensaciones –especialmente en las muy intensas– con plena consciencia, por extraño que parezca.

Así es como podemos cultivar una mayor intimidad con la experiencia del dolor y comprenderla de forma que sea sanadora y reparadora: atendiéndola con plena consciencia y cierta ternura, aunque solo tengamos vislumbres fugaces o solo podamos manejarla durante breves momentos, digamos, durante tan solo media inspiración o media espiración.

Experimentamos echando un vistazo rápido a cualquier molestia de esta manera de vez en cuando, utilizando la consciencia de la respiración para anclar nuestra atención y traerla de vuelta una y otra vez.

Simplemente descubrimos

que hay aspectos de nuestro ser

que son más grandes

que nuestro dolor,

y que podemos recurrir

a estas otras capacidades innatas

para mantener una

relación más sabia

con todas las circunstancias

y condiciones

en las que nos encontremos.

Como un bote de remos sujeto a un amarre, yendo de aquí para allá con las corrientes mientras permanece atado, con el tiempo nos percataremos de que también podemos amarrar nuestra mente: a la respiración, al momento presente. Asimismo, nos percataremos de que el dolor no es el mismo, que no es monolítico, que tiende a cambiar en intensidad, de ubicación en el cuerpo, o en la cualidad de las propias sensaciones. A medida que nos demos cuenta de cómo fluye de estas u otras maneras, momento a momento u hora tras hora, seguimos volviendo a casa, a la respiración y a la propia consciencia. En este proceso, nos tornamos más sensibles y nos comprometemos cada vez más con este experimento íntimo y continuo de recuperar nuestra vida.

Y en este experimento íntimo y continuo de recuperar nuestra vida, existe otro elemento que podemos introducir en nuestra práctica, especialmente en momentos en que experimentamos sensaciones intensas. Podemos preguntarnos: «¿Me duele la consciencia del dolor?». Y en el momento siguiente, observamos y vemos. Podemos explorar nuestra experiencia por nosotros mismos, investigarla, comprobarla lo mejor que podamos, incluso en los momentos más insignificantes, y ver si es así o no. Según mi experiencia, la consciencia del dolor que experimentamos no es dolor en sí mismo.

Dicho esto, no siempre resulta tan sencillo descansar en la consciencia. Quizá ya lo hayamos descubierto por nosotros mismos. Esto es especialmente cierto cuando

A medida que
aprendemos a habitar
esta dimensión a menudo oculta
de nuestra vida, nuestra
belleza intrínseca
como seres humanos
en este preciso instante
se revela una, otra y otra vez.

sufrimos mucho. Por ese motivo, podemos beneficiarnos tanto de aprender a *habitar* la consciencia que es capaz de abrazar, sostener y bañar el cuerpo –junto con sus diversas sensaciones en continuo cambio– con abierta aceptación, amabilidad y compasión, sobre todo en los momentos en los que el malestar es algo menos intenso, si es que hay momentos así.

Por eso es tan útil prestar atención una y otra vez a lo que surge en el cuerpo, incluso en los momentos más insignificantes. Por eso es tan útil extender la alfombra de bienvenida, incluso cuando no nos apetezca, y cultivar lo mejor que podamos en ese momento –que cuando ocurre es siempre *este* momento– un grado de aceptación e intimidad hacia las sensaciones no deseadas y dolorosas, aunque también reconozcamos y abracemos las sensaciones neutras o placenteras que estén presentes.

Este es el proceso de amistad antes mencionado. No nos estamos disociando del dolor cuando descansamos en la consciencia, o cuando vemos que nuestra consciencia del dolor puede no estar sufriendo. Por el contrario, simplemente descubrimos que hay aspectos de nuestro ser que son más grandes que nuestro dolor, y que podemos recurrir a estas otras capacidades innatas para mantener una relación más sabia con todas las circunstancias y condiciones en las que nos encontremos.

No podemos obligarnos a ser de una determinada manera, pero tenemos mucho margen para decidir cómo queremos ser en relación con nuestras circunstancias. Siempre tenemos la opción de *responder con atención*, en lugar de *reaccionar automáticamente* sin ser conscientes de ello. De este modo, toda nuestra experiencia, incluidos los elementos dolorosos y difíciles, vuelve al redil de nuestra vida y recuperamos el espectro completo de nuestra experiencia vital, al menos en este momento.

Incluso cuando sentimos que nuestra calidad de vida está erosionada, mermada por el dolor y los mensajes desgarradores que nos envía, aún es posible invitar a la consciencia a abrazar el momento presente con amabilidad, compasión, aceptación y apertura. Estas capacidades, que no se desvanecen ante lo no deseado, son todavía y siempre una parte íntima del repertorio humano. A medida que aprendemos a habitar esta dimensión a menudo oculta de nuestra vida, nuestra belleza intrínseca como seres humanos en este preciso instante se revela una, otra y otra vez. En este momento. Y en el siguiente. Y en el siguiente.

Durante el resto de esta práctica, vemos si podemos estar con nuestra experiencia momento a momento mientras ponemos en juego las instrucciones y descansamos conscientes de nuestra respiración, trabajando con todas y cada una de las sensaciones intensas que aparezcan de las diversas maneras que hemos estado explorando, hasta que escuchemos el sonido de la campana…

Meditación # 3: Trabajar con pensamientos y emociones relacionados con el dolor

Sentados o acostados, sintonizamos de nuevo con nuestra respiración mientras nos establecemos en el momento presente, trabajando lo mejor que podamos con cualquier sensación intensa que surja de la forma que hemos estado cultivando. Confiamos en nuestra propia creatividad y en nuestra capacidad de permanecer en el proceso sin necesidad de percibir resultados inmediatos. Observamos si simplemente podemos cabalgar las olas de la respiración con plena consciencia durante uno, dos o tres ciclos de inhalaciones y exhalaciones.

Y, mientras nos acomodamos, permitimos que nuestra consciencia se expanda más allá de la respiración y el cuerpo para incluir cualquier pensamiento y emoción que estemos experimentando, situándolos en el centro del campo de la consciencia.

Quizá ya hayamos visto que nuestros pensamientos y emociones tienen vida propia. Sin embargo, no son más que acontecimientos fugaces que aparecen y desaparecen en la mente. Surgen, permanecen quizá un momento y desaparecen rápidamente. Pero esos mismos pensamientos y emociones tienen en ocasiones tanto poder y energía asociados a ellos que pueden alejarnos fácilmente de la atención desapegada a las sensaciones de la respiración o a otras sensaciones del cuerpo, ya sean agradables, desagradables o neutras, o del sentido del cuerpo como un todo.

Nuestros pensamientos
y emociones
tienen vida propia.
Sin embargo, no son más
que acontecimientos fugaces
que aparecen y desaparecen
en la mente.
Surgen, permanecen
quizá un momento
y desaparecen rápidamente.

Así pues, mientras permanecemos sentados o acostados, vemos si podemos permanecer en contacto con la respiración y el cuerpo a la vez que somos conscientes de los pensamientos y emociones que surjan, nos quedamos con ellos un momento o dos y luego los disolvemos.

Lo mejor que podamos, vemos si podemos reconocer cada pensamiento que emerge *como un pensamiento*, percibiendo tanto su contenido como su carga emocional. De nuevo, lo mejor que podamos, simplemente observamos cómo surge y desaparece sin dejarnos atrapar por su contenido ni por la emoción que lo acompaña. Y si nos dejamos llevar o nos perdemos, lo que sucederá una y otra vez, volvemos una y otra vez, cada vez que lo advirtamos, a la consciencia de los pensamientos como pensamientos y de los sentimientos como sentimientos. Incluso si con un toque muy ligero atendemos principalmente a nuestros pensamientos y emociones, esto puede ser un trabajo duro de llevar a cabo. Así pues, debemos sentirnos libres de anclarnos o de volver a anclarnos en la consciencia de las sensaciones de la respiración en cualquier momento si encontramos que nos ayuda a estabilizarnos. La cuestión es *que el mero hecho de advertir los pensamientos como pensamientos y las emociones como emociones es la consciencia misma*. El momento en que nos damos cuenta de que nuestra mente se ha perdido en el pensamiento o la sensación es una prueba directa de que nuestra atención ya ha retornado.

Por supuesto, nuestras vidas son complicadas, y podemos tener pensamientos dando vueltas sobre casi cualquier cosa, real o imaginaria. Pueden estar relacionados con el pasado, el futuro o el presente. Pero, cuando intentamos mirarlos directamente *y verlos como pensamientos*, nos damos cuenta de que en realidad son bastante escurridizos, como animales tímidos. Puede hacer falta cierto grado de amplitud, estabilidad y quietud en nuestra práctica para detectarlos sin dejarnos arrastrar inmediatamente por ellos. Dicho esto, si conseguimos que nuestra atención se estabilice, aunque sea durante breves instantes, descubriremos que aparecen, desaparecen, comentan, reaccionan, juzgan o anhelan algo de continuo. Y, junto con todos esos pensamientos, hay muchas emociones diferentes que suelen estar fuertemente ligadas a los pensamientos que tenemos y a las historias que nos estamos contando con esos mismos pensamientos.

¿Podemos sentir que esto ocurre en este momento mientras nos permitimos estar muy tranquilos y quietos?

En esta meditación, cobramos consciencia de cualquier pensamiento o emoción que pueda surgir, pero especialmente de los relacionados con las sensaciones que experimentamos a cada momento en el cuerpo, incluido el hecho de que la palabra «dolor» es un pensamiento.

Por esa razón, resulta muy útil darse cuenta de si tenemos muchos pensamientos sobre el intenso malestar que podemos estar sintiendo en nuestro cuerpo, y con qué frecuencia pensamos automáticamente en ello como «dolor».

Podemos experimentar con el hecho de no llamarlo «dolor» cuando aparezca, al menos parte del tiempo, ya que, como hemos dicho, la palabra «dolor» es en sí misma un pensamiento. No es la experiencia en sí. El dolor solo se puede sentir. De ese modo, tal vez podamos investigar por nosotros mismos, echar un vistazo y ver si, cuando pensamos en lo que estamos experimentando como «dolor» en lugar de «sensación intensa», aumenta aún más la intensidad de la sensación, y tal vez también el sufrimiento. ¿Podemos experimentar con no *llamarlo* dolor en ese momento, dado que se trata solo de un pensamiento y no de la experiencia sensorial en sí? ¿Por qué no echamos un vistazo de vez en cuando y comprobamos si esto es cierto en nuestro caso?

¿Y *ahora*?

A veces, nuestros pensamientos referentes a las sensaciones intensas pueden adoptar la forma de afirmaciones como: «Esto me está matando», «No puedo soportarlo más», «¿Cuánto durará esto?», «Toda mi vida es un desastre», «Nunca me libraré de este dolor», «No hay esperanza para mí».

Todos tenemos en ocasiones esos pensamientos. Son como tormentas en la mente, meras turbulencias. Es totalmente comprensible que los tengamos, pero también es útil darse cuenta de que tan solo son pensamientos, a menudo pensamientos muy reactivos, y tampoco necesariamente ciertos, aunque podamos pensar que lo son. Y, desde luego, ninguno de esos pensamientos es el dolor en sí.

Solo cobrar consciencia
de nuestros
pensamientos y emociones
acerca del dolor puede,
con el tiempo,
tener un efecto muy drástico
en la reducción del grado de
sufrimiento que experimentamos.

Todos son pensamientos *sobre* el dolor y también, tal vez, sobre la historia que nos estamos contando a nosotros mismos acerca de él. De hecho, puede que ni siquiera nos demos cuenta de que esos pensamientos y las emociones que los acompañan están contribuyendo a nuestra experiencia de dolor y sufrimiento sin que ni siquiera lo sepamos. El mero hecho de cobrar consciencia de nuestros pensamientos y emociones acerca del dolor puede, con el tiempo, tener un efecto muy drástico en la reducción del grado de sufrimiento que experimentamos.

Entonces, ¿podemos integrar la consciencia de los pensamientos y las emociones en nuestra práctica de mindfulness y reconocerlos como pensamientos y emociones cuando aparecen en el campo de la consciencia? Se trata de la misma consciencia, tanto si elegimos prestar atención a los pensamientos, las emociones o las sensaciones corporales, como a los sonidos u otros aspectos de la vida.

Cuando, a pesar de lo intensas que sean, veamos y sintamos las sensaciones que experimentamos *como sensaciones, pura y simplemente*, veremos que estos pensamientos sobre las sensaciones pueden en realidad empeorar las cosas, intensificando la experiencia del sufrimiento. Al reconocerlos como pensamientos y dejarlos ser sin apartarlos ni perseguirlos, estamos dando la bienvenida a las sensaciones mismas, simplemente porque ya están aquí de cualquier modo.

¿Por qué no los aceptamos *en este momento*, dándonos cuenta de que la parte de nosotros que es consciente de las sensaciones, pensamientos y emociones no siente dolor ni está gobernada por esos pensamientos y sensaciones?

La consciencia los conoce directamente, por debajo de las etiquetas y descripciones conceptuales y de las historias que nos contamos a nosotros mismos. Cuanto menos nos identifiquemos con esas etiquetas como «mi dolor» o «mi sufrimiento», o «la verdad sobre mí», de mayor libertad disfrutaremos en este instante.

Esta consciencia de los pensamientos como pensamientos y no como la verdad de las cosas, y de las emociones como emociones y tampoco como la verdad de las cosas, esta misma consciencia es una capacidad innata dentro de la cual podemos abrazar y observar todos los aspectos de nuestra experiencia, no solo cuando cultivamos mindfulness durante los periodos formales de práctica meditativa en momentos específicos del día, sino también informalmente, en todos los momentos, actividades y compromisos de la vida diaria. La invitación es siempre la misma: ver si podemos ser conscientes de cualquier pensamiento o emoción que surja mientras mantenemos la práctica de la meditación, descansando en la propia consciencia. Y si lo encontramos útil y estabilizador, permanecer anclados lo mejor que podamos en la consciencia de las sensaciones de la respiración en el cuerpo, momento a momento, hasta que escuchemos el sonido de la campana.

Esta misma consciencia

es una capacidad innata

que podemos abrazar

y que nos permite

contemplar todos

los aspectos

de nuestra experiencia.

Meditación # 4: Descansar en la consciencia

Esta meditación en particular está diseñada para esos momentos en los que sentimos que necesitamos asentarnos en el presente y reconectar con cierto grado de equilibrio y perspectiva en medio de la agitación o la dificultad. Solo nos llevará unos cinco minutos, así que debemos sentirnos libres de utilizarla con la frecuencia que queramos, incluso, digamos, una vez cada hora, sin guía externa alguna, por supuesto.

Podemos utilizar esta práctica en casa o en el trabajo, o en el autobús o sentados en un parque. Es una forma de aplicar todo lo que estamos aprendiendo en cualquier lugar en el que nos encontremos y en cualquier momento en el que sintamos que queremos restablecer un sentido de equilibrio, resiliencia o autocompasión. Ayuda recordar que, en este, como en todos y cada uno de los momentos, podemos asumir o restablecer una postura que encarne intrínsecamente la dignidad, el despertar y la comodidad, ya sea sentados, acostados, de pie o caminando.

Empecemos por introducirnos en el momento presente tal como es y plenamente conscientes. Nos permitimos sentir lo que sea que estemos sintiendo, ya sea que estemos presionados por el tiempo, estresados, agitados, ansiosos, deprimidos, con dolor…; lo que sea que esté demandando un poco de atención.

Lo mejor que podamos, llevando la plena consciencia a la constelación de sentimientos y circunstancias que están

Llevando la plena consciencia
a la constelación de sentimientos
y circunstancias que están presentes
en este preciso momento,
sin tener que hacer o cambiar nada,
sin tener que hacer que
nada desaparezca,
y sin juzgar lo que surja
o a nosotros mismos
(o dándonos cuenta de lo mucho
que podemos estar juzgándonos
a nosotros mismos y a
todo lo demás y sin juzgar eso).

presentes en este preciso momento, sin tener que hacer o cambiar nada, sin tener que hacer que nada desaparezca, y sin juzgar lo que surja o a nosotros mismos (o dándonos cuenta de lo mucho que podemos estar juzgándonos a nosotros mismos y a todo lo demás y sin juzgar eso). Lo mejor que podamos, extendemos la alfombra de bienvenida para lo que sea que esté aquí. ¿Por qué? Porque ya está aquí. Deberíamos reconocerlo, ya sea agradable, desagradable o neutro. Anclándonos en las sensaciones de la respiración en el cuerpo, dando la bienvenida y abrazando en la consciencia lo que sea que esté aquí en la atemporalidad de este preciso momento.

En este punto, podemos jugar a situar un aspecto concreto de nuestra experiencia en el centro del campo de la consciencia, como si lo iluminásemos con un foco. Puede ser cualquier cosa en la que queramos centrarnos y que ya esté presente: tal vez una sensación intensa en el cuerpo, una historia que nos estemos contando a nosotros mismos sobre dicha sensación en ese momento, un pensamiento, una emoción perturbadora o una sensación de alegría, de plenitud, tal vez incluso de sentirnos a gusto en nuestra propia piel en este preciso instante.

Simplemente respiramos con ello, dentro y fuera, dentro y fuera. Simplemente sosteniéndolo en la consciencia con gran ternura, como una madre sostendría a su hijo pequeño, con plena aceptación y gran amor. Simplemente reconociendo y abriéndonos a cualquier sensación que pueda surgir *como una sensación*, a cualquier pensa-

Comprobamos si podemos
simplemente
descansar en la consciencia misma,
permitiendo que todas y cada
una de las sensaciones,
pensamientos y emociones
vayan y vengan
como nubes en el cielo
o como trazos en el agua,
mientras moramos en la amplitud
de nuestro propio corazón.

miento *como un pensamiento*, a cualquier emoción *como una emoción.*

Ahora, durante el último minuto o dos de esta práctica, comprobamos si podemos simplemente descansar en la consciencia misma, permitiendo que todas y cada una de las sensaciones, pensamientos y emociones vayan y vengan como nubes en el cielo o como trazos en el agua, mientras moramos en la amplitud de nuestro propio corazón. Nos permitimos sentir cualquier cosa que esté aquí para ser sentida y conocer cualquier cosa que esté aquí para ser conocida. ¿Por qué? Porque ya está aquí. Experimentamos la amplitud de la consciencia misma y cómo sentimos esta consciencia en nuestro cuerpo y en nuestro corazón en este momento.

Y mientras esta breve meditación llega a su fin, podemos, solo como un experimento, albergar la intención de ver si podemos trasladar esta consciencia ilimitada, espaciosa y de corazón abierto, con el más delicado de los toques, a diversos aspectos de nuestra vida, incluso por breves momentos de vez en cuando, mientras nuestro día sigue desarrollándose. No olvidemos que el verdadero currículo aquí es la vida misma, y nuestra resolución de estar presentes apropiadamente para dar una continuidad sin fisuras a los momentos de que consta el día.

Meditación # 5: Breve escáner corporal

Antes de empezar, si nos damos cuenta de que las sensaciones o emociones intensas a veces se interponen en nuestros esfuerzos por concentrarnos durante la exploración corporal, aquí tenemos algunas estrategias que pueden servirnos de ayuda:

En primer lugar, adoptamos una postura que nos resulte cómoda, blanda y con suficiente apoyo. Mi recomendación es que nos tumbemos boca arriba si es posible (incluso *en* la cama), en un sofá o en el suelo, lo que nos resulte más confortable. Si queremos, también podemos practicar la exploración corporal sentados en una silla. Sea cual sea la postura que elijamos, nos colocamos lo mejor que podamos de forma que nos resulte lo más cómoda posible.

Si estamos acostados, puede ser útil recordar estratégicamente que las meditaciones en posición acostada están pensadas para ayudarnos a *estar despiertos* y no para que nos durmamos. A veces, podemos mantener los ojos abiertos intencionadamente para mantenernos despiertos durante la exploración corporal, o incluso echarnos agua fría en la cara antes de empezar. Merece la pena hacer lo que sea necesario para estar completamente despiertos durante esta práctica. Y, por supuesto, si tenemos problemas para dormir bien, ya sea a causa del dolor o por cualquier otra razón, siempre podemos utilizar la exploración corporal en esos momentos para ayudarnos a conciliar el sueño. Pero en esta meditación, por ahora debemos tener en cuenta que esta práctica consiste en estar lo más despiertos posible, pero sin forzarnos.

Una vez más, atendemos de manera intencional las sensaciones en el cuerpo de nuestra respiración entrando

Recuerda que el verdadero
trabajo es la vida misma
y nuestra determinación
de estar presentes
en la continuidad de
los momentos
que componen el día.

y saliendo…, sintiendo la suave expansión del vientre con cada inspiración y el retroceso o desinflado del vientre con cada espiración. Esto sucede sin que tengamos que hacer nada para que el vientre se mueva. Lo hace por sí solo, igual que la respiración se mueve por sí sola. No hay necesidad de intentar controlarlo o ayudarlo inspirando o expulsando el aire voluntariamente. Es mejor dejarlo estar y sentir las sensaciones por sí mismas.

Estamos invitando a la respiración a fluir naturalmente, por sí misma, tal como lo hace. Nuestra «tarea» por ahora consiste simplemente en cabalgar las olas de esta respiración que entra y de esta respiración que sale con plena consciencia mientras permanecemos tumbados aquí. Y luego mantener nuestra atención sin interrupciones, lo mejor que podamos, momento a momento y respiración a respiración. Si, por alguna razón, tenemos dificultades para concentrarnos en el vientre, entonces sintonizamos con las sensaciones de la respiración en algún otro lugar del cuerpo, en las fosas nasales o en el pecho, donde nos resulten más vívidas y accesibles.

Si hay alguna sensación desagradable o intensa en alguna parte del cuerpo en este momento, lo mejor que podamos, permitimos que simplemente esté aquí, teniendo en cuenta que ya tenemos varias maneras diferentes de trabajar con las sensaciones intensas y de hacernos amigos de ellas. La incomodidad que sintamos no tiene por qué ser un impedimento para la práctica. De hecho, como ya nos habremos dado cuenta, puede ser una compañera y una aliada para cultivar una mayor consciencia, aceptación, amabilidad hacia nosotros mismos y una sensación de bienestar general. Por supuesto, debemos sentirnos libres de utilizar cualquiera de las otras estrategias que hemos mencionado antes en cualquier momento en el que nos parezca oportuno probar otra cosa, volviendo a la guía siempre que nos parezca apropiado.

Para revisar nuestras opciones, mientras practicamos la exploración corporal:

- Podemos seguir la guía lo mejor que podamos, siendo conscientes de la atracción de cualquier sensación de malestar que proceda de un lugar concreto del cuerpo. Comprobamos si es posible simplemente reconocer esa atracción sin convertirla en una lucha, lo mejor que podamos, simplemente permitiéndole ser como es, y pidiéndole que espere la atención más cercana que vendrá cuando lleguemos a esa área particular del cuerpo. En ese momento, podemos atender a la incomodidad con plena consciencia, dejándola ser lo que es, y dejándola ir, si podemos, cuando llegue el momento de seguir adelante, si es que resulta posible.

- Alternativamente, podemos dirigir cada inspiración hacia la región donde es más intenso el dolor y espirar desde esa región, permitiendo que nuestra conciencia retenga tanto las sensaciones de la respiración como las sensaciones

intensas en la zona del cuerpo que es más problemática, por desagradables que sean, hasta
que algo cambie, si es que lo hace.

- Otra opción consiste en centrar nuestra
atención en los pensamientos y emociones
que puedan surgir mientras descansamos en la
consciencia momento a momento, sin intentar
alejar nada ni perseguir nada en absoluto.

- Y más allá de eso, se puede experimentar con la
creación y aplicación de una estrategia propia y experimentar con eso en el espíritu de
la innovación y de hallarnos en el asiento del
conductor.

- En todos los casos, reanudar con la guía de
audio en cualquier parte del cuerpo siempre
que tenga sentido hacerlo.

Con la repetición continuada de este escáner corporal
relativamente breve, es muy probable que con el tiempo
seamos capaces de permanecer cada vez más con la guía en
sí misma, y mantener conscientes las partes más difíciles
de nuestro cuerpo cuando lleguemos a ellas, con creciente
amabilidad, ecuanimidad y aceptación, en cualquier grado
en que la aceptación sea necesaria y posible. No debemos
olvidar que «aceptación» no significa resignación pasiva,
sino simplemente el reconocimiento directo de que las cosas son como son. La forma en que elegimos estar en sabia relación con cualquier experiencia presenta un amplio
abanico de posibilidades y oportunidades. La práctica dis-

Permitimos que
nuestra consciencia
sostenga tanto las
sensaciones producidas
por la respiración como
las intensas sensaciones
en la zona del cuerpo que sea
más problemática, por más
desagradables que sean,
hasta que algo
cambie, si lo hace.

ciplinada del mindfulness en cualquier condición implica una curva de aprendizaje real y exige tanto paciencia como amabilidad hacia uno mismo.

Así pues, cuando estemos preparados, ahora entramos en el escáner corporal. Al exhalar, movemos nuestra atención más allá del vientre y la llevamos hasta los pies, manteniendo ambos pies en la consciencia…, sosteniendo esa consciencia lo mejor que podamos momento a momento… Notamos cómo la consciencia sostiene ambos pies al mismo tiempo sin esfuerzo… mientras sintonizamos con cualquier sensación que sintamos en los pies, o con el entumecimiento o la falta de sensación, si no sentimos demasiado los pies. Descansamos en la consciencia lo mejor que podamos mientras estamos acostados, entregándonos a las sensaciones de los pies, junto con las sensaciones producidas por la respiración…

Ahora, expandimos el campo de la conciencia desde los pies hasta incluir la parte inferior de las piernas y luego las rodillas, sintiendo lo que sea que sintamos en esa zona… Permitimos que las sensaciones de la respiración y las sensaciones en la parte inferior de las piernas y las rodillas se entremezclen en la consciencia… o, alternativamente, seguimos deliberadamente la respiración hasta la parte inferior de las piernas y las rodillas con cada inspiración, y luego salimos de esa zona con cada espiración…

Ahora, pasamos a incluir la parte alta de ambas piernas en la consciencia…, todas y cada una de las sensaciones o falta de sensaciones, momento a momento…

Recordemos que
«aceptación»
no significa
resignación pasiva,
sino el reconocimiento
directo
de que las cosas
son como son.

Y seguidamente nos movemos hacia la pelvis y mantenemos la consciencia en toda la cuenca pélvica…, sintiendo cualquier sensación que experimentemos aquí, incluyendo los puntos de contacto de la pelvis con la superficie sobre la que estamos acostados o sentados. Respiramos con todas y cada una de las sensaciones momento a momento y respiración a respiración mientras estamos acostados aquí…

Y luego, cuando estemos preparados, incluimos también la parte baja de la espalda y el abdomen, sintiendo de nuevo el ascenso y el descenso del vientre con cada inspiración y cada espiración…

Después, continuamos incluyendo en la consciencia la zona superior de la espalda, la caja torácica, los omóplatos y los propios hombros. Quizá sintiendo las sensaciones en el pecho cuando los pulmones se llenan de aire y luego lo sueltan. Y quizá, si estamos muy quietos, incluso sintiendo los latidos de nuestro propio corazón…

Y ahora, incluimos las sensaciones en ambas manos, atendiendo a todas y cada una de las sensaciones en los dedos y los pulgares, y las palmas y las muñecas… Luego permitimos que nuestra consciencia se expanda desde las manos y las muñecas hacia los antebrazos, los codos, la parte superior de los brazos y las axilas, y una vez más, los hombros. Sentimos la totalidad de los brazos y las manos acunados en la consciencia, junto con todas las demás zonas que hemos visitado hasta ahora en el cuerpo. Y simplemente descansamos aquí, momento a momento, con plena consciencia…

Y ahora incluimos el cuello y la garganta, sintonizando con todas y cada una de las sensaciones o falta de sensaciones en esta zona que, como tantas otras en el cuerpo, alberga tanto estrés y tensión la mayor parte del tiempo…

Cuando estemos preparados, nos movemos a la región de la cabeza y la cara, manteniendo la totalidad de esta zona del cuerpo con plena consciencia…, sintiendo lo que sea que haya que sentir aquí…, respirando, totalmente despiertos, descansando en la consciencia, bebiendo de la singularidad de nuestro rostro, de su asombrosa capacidad para expresar u ocultar emociones, y de su belleza intrínseca cuando permanece en reposo y en paz…

Seguidamente, llevamos la consciencia a la totalidad del cráneo, que alberga el extraordinario cerebro –la estructura más compleja en el universo conocido–, que en este mismo momento se está afinando en virtud del cultivo del mindfulness, aquí y ahora…

Y, cuando lo deseemos, expandimos el campo de consciencia una vez más para incluir la totalidad del cráneo y la mandíbula, y todos los sentidos asociados con la cabeza y la cara: los ojos, los oídos, la nariz, la boca, incluyendo los labios y la lengua, la totalidad de la cabeza y el rostro mantenidos en la consciencia momento a momento…

Y ahora, a medida que esta meditación llega a su fin, invitamos a la consciencia a sentir el cuerpo como una totalidad, respirando… y en contacto también con todas y cada una de las sensaciones del cuerpo, dondequiera y cualesquiera que sean, observando hasta qué punto pueden ser agradables, desagradables o ni agradables ni desagradables...

Reconocer y reclamar lo mejor que podamos el espectro completo de nuestra experiencia corporal en este preciso momento, notando cómo la consciencia puede abarcar la totalidad del cuerpo, desde los talones y los dedos y las plantas de los pies, y desde las puntas de los dedos y los pulgares, a través de las piernas y los brazos, y a través de la totalidad del torso, y hasta la parte superior de la cabeza...

Y finalmente descansamos aquí, fuera del tiempo, en la quietud de este momento y la belleza de nuestro propio corazón abriéndose a sí mismo, simplemente siendo el conocimiento que la consciencia ya es...

Descansamos aquí,

fuera del tiempo,

en la quietud de este momento

y la belleza de nuestro

propio corazón

abriéndose a sí mismo,

simplemente siendo

el conocimiento que la

consciencia ya es…

7

Mindfulness en
la vida cotidiana:
el verdadero «programa
de estudio»

Mindfulness en la vida cotidiana: el verdadero «programa de estudio»

La verdadera medida del mindfulness reside en cómo habitamos nuestros momentos y afrontamos nuestros retos a medida que vivimos nuestra vida día a día y momento a momento. Por supuesto, en cualquier tipo de dolor crónico, el malestar y todo lo que conlleva se suman a todas las demás tensiones y presiones que nos agobian. A veces nos vemos obligados a esforzarnos mental y físicamente para pasar el día, o incluso el minuto siguiente. Esto hace que se acumule mucha tensión en el cuerpo y en la mente.

El mindfulness consiste realmente en aprender a trabajar con esa tensión para que no termine erosionando la calidad de nuestra vida. Podemos investigar, tanto desde la sabiduría como desde una profunda preocupación por nuestro propio bienestar, y ver hasta qué punto podemos estar contraídos, a la defensiva, preocupados por nosotros

La verdadera medida
del mindfulness
reside en cómo habitamos
nuestros momentos
y afrontamos nuestros retos
a medida que vivimos
nuestra vida día a día
y momento a momento.

mismos o atrapados en emociones destructivas o pensamientos autodestructivos.

Y podemos retarnos a nosotros mismos: ¿podemos de hecho ser más abiertos de corazón, incluso ante nuestro malestar y nuestros pensamientos y emociones incómodos? ¿Podemos ser un poco más compasivos con nosotros mismos y aceptarnos mejor, aceptar mejor a los demás, ser más expansivos y ecuánimes, más equilibrados y optimistas? Este último segmento de la práctica nos brinda algunos consejos para establecer la intención de llevar el mindfulness a todos los aspectos de nuestra vida cotidiana. ¿Por qué? Porque, al fin y al cabo, la vida misma es el verdadero plan de estudio. La vida misma es la verdadera maestra de meditación. Y la relación que mantenemos con cada momento es la verdadera práctica de meditación.

Seis sugerencias finales

1. Cuando nos despertemos, no saltemos de la cama inmediatamente.

En lugar de eso, nos concedemos unos momentos para darnos cuenta de que estamos despiertos y de que este es un nuevo día, lleno de nuevas oportunidades para no perdernos nuestros momentos y para vivirlos con alegría y apertura de corazón, no solo hacia nosotros mismos, sino también hacia los demás. Nos situamos lo mejor que podamos en una postura cómoda, tal vez tumbados boca arriba, y nos dejamos llevar por las olas de la respiración durante unos minutos, cobrando consciencia de todo

Al fin y al cabo, la vida misma
es el verdadero plan de estudio.
La vida misma es la verdadera
maestra de meditación.
Y nuestra relación con
este momento
es la verdadera práctica
de meditación.

el cuerpo, acostado, respirando. Afirmamos en nuestra mente y en nuestro corazón que estamos despiertos y que este es un nuevo día.

A continuación, nos levantamos y salimos de la cama con plena consciencia de cómo sucede eso, y nos invitamos a estar presentes, momento a momento, mientras nos lavamos los dientes, nos duchamos, nos miramos al espejo y nos preparamos para el día de cualquier forma que lo hagamos. Cuando nos duchamos, comprobamos si estamos realmente en la ducha, sintiendo el agua sobre la piel, en lugar de perdernos en nuestros pensamientos y ya con el piloto automático, planificando nuestra jornada o lo que sea. Es fácil perdernos la ducha por completo. Cuando comemos, comprobamos si somos conscientes de lo que comemos y saboreamos lo que tenemos en la boca.

Si vivimos con otras personas, nos fijamos si podemos cobrar consciencia de la cualidad tonal de cómo decimos «buenos días», y cómo estamos con ellas, o cómo les decimos «adiós». Todos estos aspectos de la vida se pasan por alto muy fácilmente cuando caemos en el modo de piloto automático.

Antes de irnos a dormir, nos tomamos unos momentos en la cama para volver a entrar en contacto con nuestra respiración y con el sentido del cuerpo como un todo, intercalando así nuestro día entre momentos intencionados de consciencia meditativa al principio y al final de la jornada.

Cuando estamos en la ducha,
comprobamos si estamos
plenamente en ella,
sintiendo el agua sobre la piel,
en lugar de andar perdidos
en nuestros pensamientos
y ya en piloto automático…
Es fácil perderse la
ducha por completo.

2. Permitimos que el mindfulness nos informe de lo que va a ocurrir hoy.

Tanto si vamos a trabajar como si nos quedamos en casa, optamos por hacer que nuestros momentos cuenten y por estar lo más presentes que sea posible.

3. Durante el día, habitamos tantos momentos como podamos.

Nos aproximamos a nuestro cuerpo lo mejor que podamos, conociendo nuestros límites y aceptándolos con amabilidad, pero sin olvidar que, si cobramos consciencia de esos límites con regularidad, sin intentar llegar a ninguna parte y con el contacto más delicado, pero con gran determinación, es muy posible que esos límites retrocedan o cambien por sí solos de forma interesante y potencialmente beneficiosa.

4. Aunque estemos sufriendo, intentamos hacer algo amable por otra persona cada día.

Hasta el gesto más pequeño cuenta. Y nos aseguramos de que es realmente para la otra persona, y no una forma sutil de hacerlo para nosotros.

5. Cultivamos activamente la gratitud, la generosidad y la amabilidad.

Al fin y al cabo, cada uno de nosotros solo tiene momentos para vivir. ¿Por qué no vivirlos al máximo? Las expresiones

Nos hacemos amigos
de nuestro cuerpo
lo mejor que podamos,
conociendo nuestros límites y
aportándoles amabilidad
y aceptación.

Al fin y al cabo, solo tenemos
momentos para vivir.
¿Por qué no vivirlos
al máximo?

internas y externas de gratitud, generosidad y amabilidad son signos de despertar. Son catalizadores de bienestar y amor que pueden marcar la diferencia.

6. Practicamos cada día como si nuestra vida dependiera de ello.

A estas alturas, probablemente ya sepamos que así es.

Conclusión:
cada inspiración es
un nuevo comienzo

Y así llegamos al final de nuestro tiempo juntos. Pero ¿lo hacemos realmente? Si hemos llegado hasta aquí, sin duda nos habremos dado cuenta de que el mindfulness, como práctica de meditación formal y como forma de ser, es el compromiso de toda una vida. Sus raíces se remontan a la antigüedad. Pero ahora, cada vez más, su valor en la medicina y la atención sanitaria está respaldado por un nuevo campo de investigación científica en rápido crecimiento que abarca la medicina, la psicología, la neurociencia y otras disciplinas.

El cultivo del mindfulness ofrece una serie de vías prácticas para transformar nuestra relación con la condición humana y liberarnos del sufrimiento innecesario y gratuito. El camino que hemos recorrido juntos continúa mientras la respiración siga entrando y saliendo del cuerpo, y mientras nos ocupemos de lo que más necesita ser cuidado con sabiduría y compasión en todos los niveles mientras tengamos la oportunidad de hacerlo. Así pues, aunque este libro llegue a su fin, la práctica nunca lo hace. La vida es realmente el plan de estudio. Mientras la respiración entre y salga de nuestro cuerpo, este momento estará disponible en su plenitud. ¿Cómo nos relacionamos con él ahora mismo?

Que nuestra práctica
de mindfulness
siga creciendo, y floreciendo
y nutriendo nuestra vida interior
y exteriormente de momento
en momento y de día en día,
por nuestro propio bien,
por el bien de nuestros
seres queridos
y por el bien del mundo,
del que somos una
parte inestimable.

Recursos

A continuación, brindamos una lista de recursos para apoyar y ampliar la práctica continuada del mindfulness.

Libros

The Body Keeps the Score: Brain, Mind, and Body in the Healing of Trauma, Bessel van der Kolk (Penguin, Nueva York, 2014). [*El cuerpo lleva la cuenta: cerebro, mente y cuerpo en la superación del trauma*, Editorial Eleftheria S.L, Barcelona, 2020].

Falling Awake: How to Practice Mindfulness in Everyday Life, Jon Kabat-Zinn (Hachette, Nueva York, 2018). [*Despertar: cómo practicar mindfulness en la vida cotidiana*, Editorial Kairós, Barcelona, 2019].

Full Catastrophe Living: Using the Wisdom of Your Body and Mind to Face Stress, Pain, and Illness, Jon Kabat-Zinn (Penguin Random House, Nueva York, 2013). [*Vivir con plenitud las crisis: cómo utilizar la sabiduría del cuerpo y de la mente para afrontar el estrés, el dolor y la enfermedad*, Editorial Kairós, Barcelona, 2018].

The Healing Power of Mindfulness: A New Way of Being, Jon Kabat-Zinn (Hachette, Nueva York, 2018).

Meditation Is Not What You Think: Mindfulness and Why It Is So Important, Jon Kabat-Zinn (Hachette, Nueva York, 2018). [*La meditación no es lo que crees: por qué el mindfulness es tan importante*, Editorial Kairós, Barcelona, 2018].

Mindfulness for All: *The Wisdom to Transform the World*, Jon Kabat-Zinn (Hachette, Nueva York, 2019).

Mindfulness for Beginners: Reclaiming the Present Moment-and Your Life, Jon Kabat-Zinn (Sounds True, Boulder, Colorado, 2012). [*Mindfulness para principiantes*, Editorial Kairós, Barcelona, 2018].

Mindfulness: A Practical Guide to Awakening, Joseph Goldstein (Sounds True, Boulder, Colorado, 2013). [*Una guía práctica para el despertar espiritual*, Editorial Sirio, Málaga, 2015].

Trauma-Sensitive Mindfulness: Practices for Safe and Transformative Healing, David A. Treleaven (Norton, Nueva York, 2018). [*Mindfulness sensible al trauma: prácticas para una curación segura y transformadora*, Desclée de Brower, Bilbao, 2020].

Wherever You Go, There You Are: Mindfulness Meditation in Everyday Life, Jon Kabat-Zinn (Hachette, Nueva York, 2005). [*Mindfulness en la vida cotidiana: Donde quiera que vayas, ahí estás*, Ediciones Paidós Ibérica, Madrid, 2009].

Acceso directo a meditaciones guiadas de Jon Kabat-Zinn

Álbum completo castellano

Álbum completo inglés

(voz original de Jon Kabat-Zinn)

Pista 1:

Mindfulness de la respiración

Track 1:

Mindfulness of breathing

Pista 2:

Qué hacer con el dolor

Track 2:

What to do about pain

Pista 3:

Trabajar con pensamientos

y emociones

Track 3:

Working with thoughts

Pista 4:

Descansar en la consciencia

Track 4:

Resting in awareness

Pista 5:

Breve escáner corporal

Track 5:

A short scan of the body